# ロシア革命100年を考える

社会主義理論研究会（池袋）

# ロシア革命100年を考える　●もくじ

1. はじめに…… 5
2. ロシア革命からソ連崩壊まで　堀内　哲…… 9
3. ロシア革命一〇〇年　旭　凡太郎…… 34
4. 新たなロシア革命観—主に民族革命の側面から　大谷浩幸…… 55
5. 二つのブレスト＝リトフスク講和　柏木　信泰…… 68
6. ロシア革命の意義を問い直す　金　靖郎…… 81
7. ロシア革命とマルクスの「共産主義」　白井　順…… 90
8. ロシア革命一〇〇年を徹底討論する！　執筆者による座談会…… 106
9. おわりに…… 141

# はじめに

今年二〇一七年は、ロシア革命から一〇〇年を迎える。ロシア革命は世界史的大事件であり、スターリン主義の問題は今なお現代の左翼のみならず世界の民衆が抱える深刻な問題だ。本来ならば二月時点で新聞や雑誌で「ロシア革命百周年記念特集」「二月革命から一〇〇年！」といった記事が組まれていてもおかしくはない。だが、雑誌「現代思想」や季刊「ピープルズ・プラン」そして中核派の機関誌「前進」で「ロシア革命一〇〇年」を特集した程度だ。このほか昨年出版された広瀬隆「ロシア革命入門」や、東大大学院教授の池田嘉郎の「ロシア革命（岩波新書）が一部で話題になっている（後述）。とりわけ日本共産党はコミンテルンの指令が結党のきっかけとなったにもかかわらず、ロシア革命百周年のとり扱いはきわめて冷淡だ。この関心の薄さは、なんなのか？

私がロシア革命百周年にこだわるのは、以前から「革命」と「運動」との関係性について明らかにしたいという問題意識があったからだろう。

私は九〇年代に参加した無党派《ノンセクト》系学生運動を皮切りに、四半世紀以上にわたって民衆運動に参加してきた。その渦中において、本格的にロシア革命を討論することがなかった。のみならず「運動（個別課題）に取り組むのは『革命』を最終目標にしているからでないのか？」という根源的な「革命論」をすることが、あまりなかった。その原因は、ソ連邦解体以前から旧ソ連の覇権主義や閉鎖的抑圧的体制の問題が指摘されていたことに加えて、やはり一九九一年のソ連邦解体をリアルタイムで経験したことが挙げられる。

ベルリンの壁崩壊～ソ連崩壊に至った数年間で、社会主義国は「人類の失敗」「暗黒の時代」との烙印が押されてしまった。これに対し、無党派《ノンセクト》／党派《セクト》問わず新旧左翼は有効な反論が出来なかった。社会主義を放棄した若者は小市民的個人主義に韜晦し、学生運動は革命論議よりも「とりあえず」目前の個別課題が最優先事項とされ、挙げ句の果てに真面目な革命論議を自虐的な「ゲバネタ」「左翼ネタ」に茶化すニヒリズムが蔓延していった。

市民運動や労働運動に参加するようになってからも「生活に密着した個別課題への地道な取り組みが重要」とされ、革命について議論することはなかった。ここでも最重要は個別課題で市民運動や政党関係者との「共闘」が「優先」され、お定まりの「そんな『過激』なことを言ったら周囲が引いてしまう」理由から、私は自身の革命論の「自己規制」を余儀なくされた。私の「革命論」は四半世紀にわたって棚上げされ続けた。

無論、自らの足元を見ずして革命を語ることは出来ない。いっぽうで「はたしてイデオロギーや階級闘争抜きで政治課題を獲得できるのか?」「ブルジョワ憲法の人権とか表現の自由を『守る』ことが自己目的化した運動は『社会改良主義』じゃないのか?」「生活を『守る』というのは保守主義ではないのか?」「反資本主義=共産主義じゃないのか?」という根本的な疑問がふつふつと沸きあがってくる。とりわけ、この間、私自身も参加した共謀罪や辺野古反対、安保法制反対などの「シングル・イッシュー」課題間共闘路線が、権力によって各個撃破された結果を見るにつけ、あらためて大衆運動と権力、国家と革命について考えたいとの思いに駆られた。現場から離れて付き合いのなくなった連中を振り返るにつけ「個別具体的な運動の話だけでなく、もっと彼らとイデオロギー的な議論をすべきだったなァ…」という後悔が残る。

運動の停滞の原因が、理論作業の不在にあるとの反省から、ここ数年、初心に戻り、知人の柏木さんが主催している池袋の社会主義理論研究会に参加してきた。討論の過程で、昔から抱いていた「革命を語らずに個別運動があるのか?」という根本的な疑義を、今だからこそ明らかにしたいと切実に思うようになった。

折しも二〇一七年にはロシア革命百周年を迎える。これを奇貨として、主に革命成立の一九一七年に焦点を当て、その意義を明らかにすることで、現代の左翼・社会主義の抱える問題―階級闘争や革命論の不在―を浮き彫りにしようと考えた。

しかし、これだけのテーマを一人で抱えるには菲才浅学の身に重すぎる。まず『国家と革命』の読書会を開催しようと考え、昨年秋から、池袋の社会主義理論研究会で、主に私がレジュメーターとなって数度の学習会を開催した。その議論の延長から、各人がロシア革命百周年の論文を今日的視点から執筆することになり、本書の企画が実現した次第である。

時あたかも世界を見れば、ソ連崩壊後、世界の「一強」となったアメリカはトランプ批判で分断を露呈している。EUも解体の兆しを見せ、中東は液状化し、社会主義を捨てたロシア・中国も今後の展望を見いだせない。翻って日本の状況を見れば、これも「一強」といわれた安倍政権は共謀罪の強行と森友・加計両学園問題で支持率が急速に低下し、防衛省は南スーダン派兵の日報隠蔽で文民統制すらおぼつかない。福島第一原発事故の放射能汚染は留まるところを知らず拡散し、沖縄では辺野古基地建設強行で日本帝国主義は分裂しつつあり、今こそ革命の時は熟しつつある…などと書けば物笑いの種だろうか。

とはいえ、「権力を取らずに世界を変える」言説が巷間まことしやかに流布している昨今、本当にそんなことが可能なのか？「古典的名著」である「国家と革命」を再読し、百年ぶりにロシア革命を振り返り討論してみることは重要だ。

したがって本書は、カデットやケレンスキー派に焦点を当てた池田嘉郎の「自由主義史観」や広瀬隆のような「陰謀史観」そして「トロツキー史観」とは明確に一線を引く。ロシア革命の新事実発見とか、学会での新たな研究成果発表といった「学術書」ではなく、既知のロシア革命を百年後の視点で検証する「総括文書」的性格を有することを、あらかじめ言っておきたい。

ソ連邦崩壊で旧社会主義圏のレーニン像はこぞって打ち倒された。今を去ること四半世紀前、その光景を見て私はガッカリした一人だが、唯物論者である以上、偶像は打ち倒されて当然の帰結だろう。

いくつかのレーニン像は、鳩の糞にまみれながら、今なお、ひっそりと佇んでいる。本書によってレーニン像が磨き直されることはない。鳩の糞まみれが相応しい男の汚れた革命を直視することで、混沌とする現代の世界状況を相対化する手がかりが、少しでも見えてくるのではないだろうか。本書がその一助となれば幸甚である。

西暦二〇一七年九月一日　堀内　哲

# ロシア革命からソ連崩壊まで

堀内　哲

## (一) 国家と革命　第Ⅰ章~第Ⅲ章まで

『国家と革命』は一九一七年二月に勃発したロシア革命で、亡命先のスイスからドイツ経由の「封印列車」で、一九〇五年以来、一二年ぶりにロシアに帰還したレーニンによって書かれた。執筆期間は一九一七年八月~九月までの期間と言われている。その筆致は鬼気迫るものがあり、革命期の混沌とした時代背景を前提にふまえないと理解できない。

しかし、同書は唐突に書かれたものではない。基本的な構想は二月革命前史期間に練られている。一九〇五年革命の失敗の総括を一九一七年二月~一〇月革命の混沌期を見据えて絶好のタイミングで出したと言えるだろう。帰趨が見えなかったロシア革命に一定の方向性を示し、一〇月革命の行動規範となった点で意義深いものがある。読者にはお馴染みであるが「おさらい」として、あらためてロシア革命からソ連邦解体に至るまでの歴史を概史的に振り返ってみたい。

※本稿の日付はロシア革命当時のユリウス暦の日付を使用した。従って現代の日本で使用されているグレゴリウス暦では「一〇月二五日革命」は「一一月七日革命」になる。

〈一〉ロシア革命前史

一九世紀のロシアは世界最大の領土をもちながら、その多数は前近代的な「農奴」として支配される農業国であった。

いっぽうで一九世紀後半から始まった欧米列強の植民地獲得競争は激化し、ロシア帝国も英仏独米に遅れをとりながら極東・東欧などに侵略を開始する。とりわけクリミア半島はロシアにとっての不凍港確保にとって重要な戦略的位置を占めた。しかし、ロシアは一八五〇年代のクリミア戦争でトルコを支援した英・仏・米連合に敗れる。ロシアは賠償金の捻出のため、一八六七年、七三二〇万ドル（当時）で地政学上の要衝※アラスカをアメリカに金銭譲渡している。

ロシアが敗れたのは、後発資本主義国だったために軍事技術が遅れたことと、英仏のような長い兵站線を可能にする鉄道・軍艦等のインフラ整備が遅れていた点があげられる。危機感を抱いたツアー政府は上からの改革を推進。一八六一年に農奴解放を行い、遅れた工業面でもペテルブルグなどのヨーロッパ・ロシアで資本を投下して資本主義化を強めていった。

ところが、上からの急激な近代化は国内の農民の収奪を強化し、反発を招いた。一八八〇年〜一八九〇年代のロシアでは、古い体制を変革しようと都市インテリゲンチャが農村に入って小作争議や農地解放を支援する「人民の中へ（ナロードニキ）運動」が始まる。しかし広い国土と保守的な風土、権力の弾圧によって運動は崩壊していく。やがてナロードニキ運動に絶望した若者たちは虚無主義に陥り、テロが相次いだ。テロは必然的に激しい弾圧をもたらす。レーニンの兄・アレクサンドル（一八六六〜一八八七）も皇帝暗殺計画の嫌疑で逮捕され処刑された。

※農業国だった当時のロシアはアラスカを農業生産に不向きな「不毛の地」として地政学上の重要性を理解していなかった。アラスカ割譲は百数十年後の米ソ冷戦でソ連邦解体の遠因となった。

〈二〉一九〇五年革命

二〇世紀に入ると第一次産業が主流だったロシアも次第に資本主義が発展し、都市ではブルジョワとプロレタリアートの矛盾が顕在化しつつあった。

このような認識から、レーニンはナロードニキのように農村ではなく、産業プロレタリアートに社会変革の可能性を見出した。革命運動の基盤を無政府主義ではなく明確にプロレタリア革命に措定して運動を推進した。やがて、社会民主労働党の大会でレーニン派は多数を占め、労農派・無政府主義者を追い落として革命運動の主導権を握る（ボルシェビキ＝多数派）。

いっぽう、極東では日本とロシアで中国大陸での植民地獲得競争が激化する。一九〇四年、日露戦争が勃発。当初優勢とみられたロシアは日本に敗北を喫する。敗因は陸戦ではシベリア鉄道が完全に開通していなかったために、伸びきった兵站線を日本軍に叩かれたことと、海戦では長期の航海に疲れたバルチック艦隊を叩く日本の水際作戦が成功したこと。政治的にはロシアが立憲政体でなかったため、国民動員に失敗した点が指摘できる。

レーニンは、日・露の帝国主義間の戦争を革命の好機と捉えた。モスクワやベテルブルグなどでは民衆が蜂起した。しかしツアー政府は民衆反乱を鎮圧して革命は失敗する（血の日曜日事件）。失敗の原因は以下の通り。
①日露戦争の敗戦が局地戦であり総力戦ではなかったため帝国のダメージが抑えられた。
②英・米の仲介による日露の和解による休戦（帝国主義間の融和）
③ドゥーマ（国会）開設による議会制民主主義の導入などストルイピンの自由主義的改革が一定の功を奏した。
④ツアー政府への国民の支持

また、革命運動の内部もボルシェビキとメンシェビキ（アナーキスト・社会改良主義者等）の分裂もあり、一枚岩ではなかった。つまり、まだ革命の条件は整っていなかった。一九〇五年革命の失敗後、レーニンはスイスに亡命する。

〈三〉一九一七年革命

一時は抑えられた帝国主義間の抗争はとどまることなく激化した。ロシアは東欧をめぐりドイツと緊張が高まり、一九一四年に第一次世界大戦が勃発した。ロシアはツアー自ら東部戦線に出陣する。総力戦に突入するもドイツとの戦線は膠着。戦争は長期化し、国民には厭戦気分が広まりつつあった。

やがて東西の両面作戦が失敗したドイツ帝国は崩壊する。いっぽうで、ロシアも決定的な勝利局面を構築することが出来ない。やがて十分な食料配給もままならなくなり、民衆の間からは不満が高まり、ストやデモが頻発した。一九〇五年革命との相違は以下の三点。
①総力戦の敗北

②皇帝親征の失敗によるツアーの権威失墜
③一九〇五年段階では一部の都市地域に限定された民衆の自発的な動きが一九一七年段階では全国的な労・農・兵ソビエト＝評議会の結成に発展していったこと。

ロシア国内での矛盾の高まりを見透かしたドイツ政府は、ロシアの混乱に拍車をかけ、有利な講和に持ち込むために「革命の親玉」レーニンをロシアに送り返した。レーニンもまた敗戦を革命の好機と捉えた。レーニン不在の一二年間を指導し革命の準備をしたのは、むしろトロツキーである。レーニンの役割は決定的な勝利の見えていない革命に「とどめの一撃」を与えることにあった。

〈四〉パリコミューンとの共通点

●一九一七年二月東部戦線の事実上の敗北によって皇帝ニコライ二世は退位する。ロシアは政治的な空白に陥った。臨時政府の首班となったのは社会民主主義者のケレンスキーである。だが、その支持基盤は弱かった。政府内外では社会主義者・無政府主義者・穏健派・帝政復活を願うもの諸派が多数おり状況は混沌としていた。各地では反革命派が蠢動していた。
●三月に帰国したレーニンは、ロシア革命が一九〇五年革命、なかんずくパリコミューン失敗の二の舞になるのではないかと危惧した。

パリコミューンは、一八七一年ナポレオン三世が普仏戦争で敗れて退位した後のパリで発生した自発的な民衆蜂起による臨時革命政府のことである。状況的には、一九一七年当時のロシアに酷似している。パリコミューンは社会主義的な政策を打ち出し、世界史上初の共産主義革命政権を樹立した。だが、ボルドーに引っ込んでいたティエールを首班とするブルジョワ政権がいち早くプロイセンと講和し、軍隊を出動して鎮圧されてしまった（ロシア革命の場合はケレンスキーがティエールに相当する）。

パリコミューンの内部的な問題としては、無政府主義者からブルジョワ自由主義者まで抱えた複雑な内部事情から、意思統一がとれず、ブルジョワ派につけいる隙を与えてしまった点が指摘される。『国家と革命』には、パリコミューンの優柔不断さと無能さをあげつらうセリフが出てくる。「彼らのもたらすのは躊躇と無秩序と混乱だけ…」。その苛立ちは対外的にも国内的にも明確な方針を打ち出しえない二月革命後の政権に向けられている。

〈五〉すべての権力をソビエトへ

革命以前にロシアでは民衆の自然発生的な共同体としての「ソビエト」という概念が存在した。前記のようにロシア革命の下部構造的な基盤となったのは、労働者・農民・兵隊の自発的な評議会＝ソビエトである。とりわけ、ナロードニキ運動を継承するエスエル〈社会革命党〉は、革命の勃発で農地解放を実現すべく農村ソビエトを中心に連帯を模索していった。しかし、ソビエトは自発的であるがゆえに統制は効かず、絶えず分裂の危機を孕んでいた。二月革命以降のロシアの政治状況が混沌としていたのは、むしろソビエトの本質である自発性と多様性を反映している。

レーニンの危機意識はソビエトの分裂と裏腹の自発的な動きが、帝政復活を願うブルジョワ派に「漁夫の利」を与えることにあった。レーニンは敵を明確にブルジョワジーに措定した。
●四月、レーニンは「すべての権力をソビエトへ」のテーゼを発表し、全階級のソビエトへの団結を訴えた。

〈六〉プロレタリアート独裁へ
●七月、最初の蜂起に失敗したレーニンは、いったんは国外（フィンランド）に亡命する。
●八月に『国家と革命』を執筆し、反撃の機会を待った。
●一〇月七日、レーニンは再び帰国。革命の成果をより強固なものとするために最後の切り札を出す。無政府主義者や自由主義者の日和見を排した「プロレタリアート独裁」のテーゼである。レーニンは『国家と革命』で「民主的な」選挙制度すら確信犯的に否定した。ここに資本主義・ブルジョワ思想とのいっさいの妥協を許さない強固な原則が確立される。レーニンは、ソビエトへの権力集中→プロレタリアート独裁の二段階革命によって資本階級からの権力奪取を試みた。
●一〇月二五日、プロレタリアート独裁思想に基づき、再び蜂起したレーニンは冬宮を閉鎖してケレンスキーらを追放。権力を奪取する。
●一一月の選挙で社会民主党は二五パーセントの議席しか得られず、第二党に甘んじ敗北。
●一九一八年一月、レーニンは選挙の敗北を挽回すべく、当初の「手はず通り」憲法制定議会を解散して、プロレタリアート独裁体制を確立。一九一七年から一年以内にプロレタリアート独裁を完成させたことがレーニンの計画性を裏付ける。

## 〈七〉一九一七年のポピュリズム

近年、世界的なインターネットの普及による高度情報化社会の進展から、民衆が労働現場を介さずに個別課題の一点共闘で大衆的なデモや街頭での抗議行動を行う「ポピュリズム」が新たな運動形態として注目されている。一部の研究者からは二月革命を現代的な「ポピュリズム」と同質のものとする見方がある。

一九一七年のロシア国内の工業労働者は三〇〇万〜四〇〇万人と推定されている。北極圏からシベリアを含む広大なロシアの労働者すべてがゼネストに参加したわけではない。ストの中心だったのはモスクワやペテルブルグや港湾労働者だった。

当時のロシアの人口一億五〇〇〇万人のうち、大多数は農業人口だった。しかし、農民たちは日頃から小作争議を行い、労働者とも団結を深めていた（労農連帯）。一九一七年二月には長引く大戦による食糧事情の悪化を背景に、都市部の工場労働者がストライキを決行するとともに、広範な地域のロシアの農民が参加することで「ゼネスト」に発展した。二月革命のスローガンが「平和と土地とパン」だったことでわかるように、革命の推進主体はボルシェビキではなくエスエルだった。

いっぽうで、ゼネストには総労働の団結とともに、広範な市民の理解と連帯が不可欠だ。一九一七年ロシアのゼネストには労農連帯に加え、都市住民やインテリゲンチャの理解と支援があった。都市自由民の運動が「ポピュリズム」の原型とみなされる所以である。しかし「労働現場」を介して結びつき、生産手段を麻痺させた二月革命の労働者・農民のゼネストと、ネットを媒介にした「電脳情報戦」と単発的な街頭行動が主流の現代のポピュリズムを同列に論じるのは、体を張ってストライキをやった百年前のロシアの先人に対し失礼だ。工場だけでなく農民／兵士も含めた「労働者階級の連帯」の有無が彼我の差といえる。

ゼネストの成立には、政治獲得目標の明確化が不可欠だ。二月革命では①都市労働者のスト（総労働化）、②農民の小作争議（土地問題）に加え、③兵士が参加し、労・農・兵ソビエトが成立し（反戦平和主義）、これに④市民（ポピュリズム）が加わり、⑤ロシア帝国敗戦濃厚のタイミングを衝き、上記の政治課題をツアー政府に突きつけることで革命に転化した（政治条件）。二月革命当初は少数派（メンシェビキ！）だったレーニンは、ゼネストを権力奪取のチャンス到来と捉えた。革命勃発を「短期決戦」と位置づけ、帝国主義諸国の融和である「講和」のスキを与えることなく、帰国後わずか七ヶ月で一〇月革命を決行して権力奪取に成功した。

※ちなみに、二〇一七年は戦後の「二・一ゼネスト」から七〇周年にも当たる。日本の二・一ゼネストが失敗したのは、二月革命と比較して①②総労働はあったものの、太平洋戦争終結後の一九四七年（講和後）だったため、③条件を欠き⑤占領軍であるアメリカを「解放勢力」規定し、憲法発布で天皇を中心に総資本が一体化したためブルジョワ勢力が安定化し④条件を欠き、農地解放・財閥解体・労働三権の付与など社会主義的諸政策が先手を打って行なわれたことで政治目標が不明確化したことが原因。本論とは外れるので今後の課題としたい。

〈八〉レーニン主義の多様性と未完性

レーニンは自ら公約としていた憲法制定議会すらも解散させた。国内状況的には帝政派と結びついたケレンスキー派からの革命防衛があった。外的要因としては、いまだドイツと交戦状態だったことがある。パリコミューンの二の舞を恐れるレーニンは講話を急いだ。

●一九一八年三月、ドイツとの間にブレスト＝リトフスク条約締結。ロシア革命は一定の小康を得る。

パリコミューンの失敗の総括がここで活かされている。

●一九一八年七月、革命政権は幽閉されていた廃帝ニコライ二世一家全員を殺害する。レーニンは非情な防衛体制を確立し、内戦や干渉戦争に勝利していった。

レーニンは封印列車に乗る前から、議会制民主主義の否定と皇帝一家惨殺を考えていた。この非情な覚悟の上に書かれたが故に『国家と革命』は「革命の指南書」としての今日的意義を持つ。

※これについて毛沢東は「徹底的な唯物論者は揺るがない」と評価して自らの政治的実践に活かしている。

無論、このことをもってボルシェビキ独裁が、のちのスターリン独裁につながったとの指摘は正しい。民主的な革命を「守る」ために、諸党派を弾圧し、革命が粛清を行い独裁化していく過程は今日の私たちが考えなければならない深刻な課題だ。とりわけ各職場や地域で萌芽した労働者の自発的な動き＝ソビエトがプロレタリアート独裁という「党権力」に「簒奪」され、その後の豊かな発展の芽を摘まれてしまったことは慚愧の念に堪えない。これらの問題は今日の共産主義及び社会主義運動が停滞した最大の理由である。われわれが喫緊に取り組むべき課題だ。ただし、そのことをもってのみ、唯物論的社会主義そのものを抹殺しようとする反共攻撃とプチブル自由主義小児病は徹底的に批判する必要がある。

これら今日的課題を踏まえつつ、ロシア革命一〇〇年後の現代における『国家と革命』の意義について、以下の三点を指摘したい。

①議会制民主主義の否定

②無政府主義の否定

③プロレタリアート「優越」の思想

労働者階級こそが最終的に国家の桎梏から解放されるという原則を担保にしながら、そこに至る死滅過程の「国家」という枠組みの利用性を一定認めたうえで、現代民衆の桎梏となっている①議会制民主主義を否定した点に、現代的意義を見いだせる。

このように『国家と革命』を教条主義的に読むのではなく、レーニン主義のもつ、もう一つの側面―多様なアイディアや未完「性」を現代に置き換えて考えたい。例えば

④すべての公務員（首相・議員・官僚）を選挙で選んでリコールでき、労働者並みの賃金水準にすること（それを可能にする労使関係の変化が前提となる）

⑤監督・技師・会計などの「管理職」を労働者並みの賃金水準にすること

等々、今日の「格差社会」において正面から取り組むべき課題となっている。

また、上部構造的な政治課題としては

⑥民主共和制の評価

⑦プロレタリアートにとっての自治体とは?
⑧連邦主義への懐疑
などは『国家と革命』においても詳らかにされていない。レーニン主義の未完「性」部分だ。労働者の団結と自発、多様性と一貫性。両極に位置する思想を絶えず複眼視し、両者の矛盾を再検証する作業から、スターリン主義を乗り越え、労働者階級の再・連帯を目指す方向性が見えてくるのではないだろうか。

〈九〉プロレタリアート「中心」思想

本稿の中間総括として、現代の日本の労働者にとって、ロシア革命はどのような意義があるのか?を提起したい。

今日の日本の労働者階級は能力主義と成果主義で上・下、国籍で左・右に分断され、資本家によって弊履のように使い捨てられている。今ほど労働者階級の団結が求められている時代はないにもかかわらず「フリーター」とか「プレカリアート」などと、あたかも労働者性をぬぐい去るような言葉が使われている。一部の無産階級労働者の中には、確信犯的に自らを「自由主義存在」と措定し、階級性をかなぐり捨てて「起業」「ベンチャー」などと心の奥底で資本経営に憧れているものも少なくない。

労働組合の組織率が低下し、無産階級労働者が自らの足下を見失っている今だからこそ、百年前に短期間とはいえ、ブルジョワジーに対するプロレタリアートの「優越」が厳然とした時代があった事実を再確認する必要がある。

近年、労働者性を欠いた「地域主権」なる自治体論が流行している。労働者の国際性を欠いた地域主義は、悪質な排外主義に陥りがちだ（都民ファースト・大阪維新など）。労働者の国際的連帯を求めたマルクス主義の社会的実践が、結果的に「ソビエト社会主義共和国連邦」という性質の悪い「民主集中制」に変質して最終的に崩壊していった問題が百年後のわたしたちに残されている。

「党権力」ではなく無産階級労働者が「社会変革の主体」という意味で、レーニンが残した「プロレタリアート独裁」の思想を、ブルジョワジーに対する「優越」として、あらためて現代の日本に位置付け直す。ここに『国家と革命』の今日的意義がある。

## （二）『国家と革命』第Ⅳ章～Ⅵ章まで

引き続いて『国家と革命』の第Ⅳ章からⅥ章を軸に、ロシア革命（一九一八年以降）からソ連邦の成立～スターリン時代までの変遷と併せて、なぜスターリン独裁に至ったのかを考察したい。

①ロシア革命後～ソ連成立まで

●一九一八年三月、ロシア社会民主党を共産党に改名。　※ドイツ革命起こる

●一九一八年から一九一九年にかけて、革命の混乱は生産活動の停滞をもたらした。とりわけ農業生産は大幅に落ち込み、各地で飢饉が起こった。レーニンは革命防衛のため食糧配給など戦時共産主義体制を強いた。食料不足の不満はエスエルの残党や反革命派と結びつき、各地で反乱が起こった。また、自国への革命の波及を恐れた日本始め周辺の帝国主義諸国は出兵し、干渉戦争が始まった。

これに対し、レーニンは自ら給与削減し、民族自決と土地解放を布告し、民衆の支持を取り付け、トロツキーを将軍とする赤軍は反乱や干渉戦争を各個撃破していった。

●一九一九年、コミンテルン設立。　※ドイツ革命失敗

●一九二一年、クロンシュタット蜂起。レーニンは国民に窮乏を強いた戦時共産体制をある程度緩め、一定の経済的な自由主義を認めた新経済政策を実施。いっぽうで資本主義復活を恐れ、党内の分派を禁止し「アメと鞭」を巧みに使い分けた。同時期にレーニンは後の五か年計画の基礎となる「社会主義とはソビエト権力プラス電力」との全国の電化計画を発表している。

②レーニンの死〜スターリンの台頭

●一九二二年、ソビエト社会主義共和国連邦が成立。「ソビエト連邦」は単一民族国家ではなくソビエト・ロシア共和国も含むウクライナ・ウズベク・ベラルーシ・カザフなど一五共和国の「対等な」連合体である。なお、同年、共産党の書記長にスターリンが就任している。

●一九二二年末、病床のレーニンはスターリン罷免を要求したが、スターリンに握りつぶされた。

●一九二四年一月、レーニンが病死する。カリスマ的指導者の死後、トロツキー・スターリン・カーメネフ・ジノビエフらで一時的に集団指導体制がとられた。

●一九二〇年代中期、ソ連での一国社会主義を優先するか、世界革命を継続するか、トロツキーとスターリンの間で論争が戦わされた。論争はスターリンが勝利し、トロツキーは失脚する。

●一九二七年、トロツキー流刑。翌年には国外追放され、スターリンの独裁体制が確立。

③スターリン独裁から粛清

●一九二八年に始まる五か年計画はクラーク（富農）撲滅をスローガンに農民から強制的に土地を収奪し「集団農場（コルホーズ）を形成し、大規模化による生産向上を目指すものだった。工業分野でも電力化と油田開発を中心に大規模な「資本投下」を行い、重工業化が推進された。農業の集団化で革命前の大土地所有は完全に否定されたが、ネップの対象となった小農民まで土地を奪われた。農民は反乱を企てたが、ＫＧＢに摘発され強制収容所に送られた。

●一九二九年、世界恐慌。五か年計画は農民の多大の犠牲の上に一定の「成果」を収め、アメリカ・ドイツ・日本などの帝国主義諸国の恐慌脱出の「見本」ともなった（ニューディール政策）。国内では一層の官僚化と中央集権化が推進され、書記長スターリンの権力は肥大していった。

●一九三〇年代初頭からドイツ・イタリア・日本で※ファシズムが台頭する。

※ファシズムの定義について、スターリン主義も「全体主義《ファシズム》」の一形態とする見解もあり、さまざまな意見があるが、本稿では戦後の国連体制における旧「枢軸国」に該当する言葉として使用する。

●一九三四年から始まる大粛清は、ファシズムや自由主義者と結びつく「異分子」排除を名目に行われた。スターリンは反対派を徹底的に摘発して、自らの権力基盤を固めていった。粛清は革命の功労者や赤軍幹部にも及んだ。犠牲者の数は定説で約三〇〇万人の死者を出したといわれる。このほか、収容所での強制労働や流刑者も含めて、約七〇〇万人が迫害を受けたといわれる。

●一九三六年、スペイン内乱でスターリンは当初は革命を援助したが、フランコ派が優勢と見るや共和派を切って捨てた。粛清はコミンテルンを通じて国外の共産党員にも及んだ。同年には、いわゆる「スターリン憲法」が制定され、スターリンの個人崇拝と神格化が始まった。
●一九三九年、ソ独（独ソ）不可侵条約締結。
●一九四〇年、トロツキーがメキシコで暗殺される。
●一九四一年、ソ独戦勃発。ソ連、スターリングラードで大苦戦。
●一九四五年、大戦終結。ソ連は勝利したが戦死者は一〇〇〇万人を超えた。多大な犠牲の上にヤルタ会談でソ連は大幅な領土と権益を獲得している。
●一九四六年、東欧に社会主義政権成立。冷戦勃発。
●一九四九年、ソ連、核保有　※中華人民共和国成立
●一九五三年、スターリン死去。

④レーニン主義の危うさと評価

スターリン独裁をもたらした原因のひとつに、世界最大の国家を簡略化して、あたかも手足のごとく運営できるかのような、レーニンの「安直な」発想を指摘したい。

次に、プロレタリアート（労働者階級）独裁がスターリン個人独裁に変貌していった原因に、革命の「再検証」が労働者本位で行われなかったことを指摘したい（整風運動的なもの）。「革命本部」である中央の書記局と、労働現場の自治評議会＝ソビエトの不断かつ対等な、開かれた話し合いが行わ

れなければ、スターリン主義は繰り返されることになる。

これは民主的な職長の選出などの現場の労使関係の変化と連動する。ここで参考となるのは、『国家と革命』第六章の最終部分である。前述したように、レーニンは生産現場で中間管理職的な労働者分断を簡略化して、職長や技術職に至るまで、人事権を労働者人民が奪還し、労働者が直接、職長や管理職を選び、即座に解任できる制度の導入を提案している（人事権の民衆化と職長の無作為抽出順番制）。

しかし、人事権を使用者側ではなく労働者側が掌握する画期的なアイディアは、国家主導の性急な計画経済＝五か年計画の実施で換骨奪胎され、人事権を特定の役職や官僚制が独占するスターリン主義を生み出した。以上二点の根本原因の一つは、党内民主主義を否定したレーニン自身の分派禁止令に起因する。

このほか、肯定的な側面としては、民主共和制の評価である。レーニンは社会主義革命と国家の死滅の前提条件として「共和政体」への移行が不可欠なことを理論と実践で証明して見せた。とりわけ日本の民主共和制革命→社会主義革命の二段階革命論は筆者の課題であり、高く評価したい。また、社会民主主義批判など今日でも有効な指摘を散見できる。

●国家計画経済の問題

レーニンの電力ソビエト論から開発独裁国家としてのスターリン主義は、先住民や農民の土地収奪と重工業への資本投下という資本主義的生産様式という点で、同時期にアメリカで行われていたニューディール政策と共通する。最終的に二〇世紀末に国営企業が「民営化」されてソ連解体と資本主義化をもたらした。

●なぜ社会主義国で「書記長」が一番「偉い」か?

・百年前の日本の官僚制度では事務一般を「書記」と称したことから、そのまま「書記長」「第一書記」が定着した。共産党の書記長は文書事務一般のほか会議の取りまとめや意志決定の集約も行うため、現代のイメージとしては「事務総長」に近い。

※ちなみに戦前の「官房長官」の職名も「書記官長」である。なお、立花隆は自民党など保守政党の「幹事長」を旧社会主義国の書記長と同質のものと見做しているが、「幹事長」という言葉自体、社会主義国の「書記長」と差別化するために使われる用語だ。旧社会主義国では書記長が名実ともに最高指導者であるのに対し、保守政党における幹事長は「総裁」や「代表」の下位の役職にすぎず、議会主義という点で院内総務＝whipに該当する。「書記長」と「幹事長」は本質的に別のモノであることをご留意いただきたい。

・ソ連はプロレタリアート独裁で議会制民主主義を否定したため、共産党の事務総長＝書記長が意志決定と実務を兼ねた。本来、書記長の権限集中は革命期の「臨時的」な措置にすぎない。しかし、戦時共産主義の「長期化」で、革命本部＝書記局→書記長への権限集中が七〇年の長きに及んだ。

・共産党と国家の関係　レーニンは『国家と革命』で議会制民主主義を否定した。プロレタリアート独裁で国家機関は簡略化され、議院内閣制や大統領制のブルジョワ国家的機能は無用の長物で、革命に奉仕する「実務機関」としての「党＝party、書記局＝secretary」さえあればいいということになる。革命の「理念」を「体現」する「奉仕者」の直結が「労働者→党→書記局→書記長」の権限集中をもたらした。

・共産主義の国際性と国家の関係　「国家は死滅する」前提に立つならば、必然的に国際性を持った党に対して国家機関の比重は軽くなる。旧社会主義国で、党の書記局と書記長の地位が、国家元首や長官などの国家官僚より「重職」に当たるのは、意外と共産主義の本質を明らかにしているのではないか？　例えばソ連にも国家評議会議長という名の「国家元首」が存在した。スターリン時代の国家評議会議長・カリーニンは、恩赦の発令などでスターリンの苛烈な粛清をガス抜きし、隠蔽糊塗する役割を果たしていた。

・ソビエト連邦は国家連合体の性格を有するため、国際性を併せ持つ共産党書記長が国家評議会議長よりも序列が「上」になる。

●世界革命論が否定された後、国際性を失った党に国家機能のみが残され、官僚制が肥大化し、共産党が民族主義化した。

●『国家と革命』でレーニンは「無政府主義者は批判しても政治制度を構築しない」と指摘しているように、無政府主義者は社会制度の構築よりも、革命の暴力性や「躁＝high」状態を希求する傾向が強い。「『国家と革命』はアナ以上にアナ」という無政府主義者による詭弁や、確信犯的な曲解は、アナボル論争の時代から山ほど繰り返されてきた。ボルシェビキ批判の反動としての無政府主義者による紋切り型のトロツキーやゲバラの世界革命路線の礼賛（もしくはプチブル自由主義・個人主義化）を乗り越えて、ボルシェビキの独裁的体質を問うた上で、地に足のついた再評価がなされるべきではないか？

⑤ソ連崩壊まで

ソ連邦の歴史を三段階に分ければ、第一期が一九一七年～一九二四年のレーニンの革命時代、第二期が一九二五年から一九五三年までのスターリン独裁時代、そして一九九一年のソ連邦解体までが第三期といえる（政治的にはフルシチョフ～ブレジネフ～ゴルバチョフ時代）。以下、補足的に社会主義の相対的安定から衰退、解体に至った第三期を時系列的に並べてみた。

●一九五三年、フルシチョフ・ミコヤンなど集団指導体制に移行
●一九五四年、ソ連、原子力発電開始
●一九五五年、ワルシャワ条約機構　※バンドン会議
●一九五六年、スターリン批判。ハンガリー・ポーランドで反ソ動乱　※キューバ革命
●一九五九年、ソ中対立
●一九六二年、キューバ危機
●一九六四年、フルシチョフ失脚　※ベトナム戦争
●一九六八年、チェコ動乱（プラハの春）
●一九七三年、ベトナム停戦・ニクソンショックでソ米緊張緩和（デ・タント）進む
●一九七九年、アフガニスタン侵攻
●一九八五年、ゴルバチョフ書記長就任

●一九八六年、チェルノブイリ原発事故
●一九八七年、ペレストロイカ・グラスノスチ実施
●一九八九年、ベルリンの壁崩壊、天安門事件
●一九九一年、ソ連邦解体

⑥オールド・ボルシェビキへの原点回帰

以上、駆け足でロシア革命とソ連史を振り返ってみた。今日的視点からは、一九一七年時点で、官僚主義の否定と順番性、人事権の民衆化、労使関係の流動化・多様化の萌芽が垣間見られたことが意義深い。また、ゼネストの実施やソビエト＝自治評議会運動など、民衆の自己決定権の行使という意味において極めて有意義な経験を再確認できる。

労働者の国際主義も先鋭的だ。国名を特定の地名や美名ではなく、表向きはロシア・ソビエトやウクライナ・ソビエトなどの「対等な」国家集合体である「ソビエト（評議会）共和国連邦」と抽象的意味名詞にしたことも、労働者・市民の国際性を重要視した革命当初の意気込みを感じる。実際にはソビエト・ロシア主導だったが、当時アジア・アメリカ・ヨーロッパなど世界各地で共産党が設立され「ソビエト」は「国際的解放区」の概念で万国のプロレタリアートに認知されていた。

しかし一九一七年革命の成果は、一九一八年以降の内戦の激化によって徐々に後退していく。やがてボルシェビキ＝スターリン主義と同一視されるようになり、いつしか「ボル＝悪」対「アナ＝善」の二項対立に陥ってしまった。

そこで筆者は、あえてボルシェビキを思想的に前・後に分けて、一九一七年の革命期を「オールド・ボルシェビキ（古《こ》ボル）、レーニンの死からスターリンの台頭を通俗的な意味での「ボルシェビキ（後《ご》ボル）と位置付けてみた。とりわけ筆者が本稿で強調したかったのは「古ボル」への「原点回帰」である。「超ボルシェビキ」でもあり、ボルシェビキの新古典主義的解釈といってもいい。

観念的にボルシェビキを諸悪の根源とする無政府主義史観や新自由主義史観とは明確に一線を引き、レーニンとボルシェビキの独裁的指向にスターリン主義の萌芽があった誤りを認めつつも、原初的な古ボルの多様なアイディアに、現代社会主義の思想的可能性を見出したい。

※「オールド・ボルシェビキ」にはスターリンによって粛清された「古参の活動家」の意味もある。

⑦ソビエト再評価

人類の歴史上「社会主義」を標榜する国々が、世界の半分を席巻した時代があった。その中心的存在だったソ連は「一国社会主義」の批判を浴びたが、当時「第三世界」とよばれたアジア・アフリカ・中南米諸国への植民地解放運動への継続的な支援で「世界革命」の方向性を見いだすことが出来る。また、フルシチョフ時代には、ある程度の「市民主義的自由」が許容されていた。

もともと社会主義は自己抑制的な思想である。しかしソ連は覇権主義から、自らが抑制できない核開発に狂奔し、挙句の果てにチェルノブイリ原発事故の大災害が起きた。

共産党は既得権益に固執して民衆へ権力や富の再分配ができなくなり、不満が高まった。硬直した政治制度の問題点に加えて、世界的な電波社会の到来で情報統制がきかず、資本主義国の情報が民衆にダイレクトに伝わり、社会主義体制が根底から突き崩されていった。ゴルバチョフのペレストロイカとグラスノスチは手遅れで、結果的にソ連崩壊のきっかけとなった。ベルリンの壁は大衆の欲望によって乗り越えられた。

いっぽうでソ連崩壊から三〇年近くを経て、アメリカの覇権も黄昏を迎えている。EUも風前の灯だ。ベルリンの壁越しに見えた理想郷は超格差社会でしかなかった。

多国籍企業が支配する世界が限界を露呈しつつある今、かつての「社会主義」が見直されようとしている。際限のない労働強化に疲れた大衆が、勤務中の飲酒が黙認されていた旧ソ連や、窓口に客が来ても店員がおしゃべりに夢中で接客対応しなかった文革期の中国を懐古的に振り返ることは決してマイナスではあるまい。「へとへとに」働かされる資本主義よりも「ほどほどに」暮らせるならば、停滞した社会主義でもいいと思うのは、至極当然な庶民感情だろう。資本主義の総本山・アメリカですら「社会主義者」を自認するサンダースが大統領候補として健闘する時代になっている。

こんにち、情報化とグローバリゼーションによって国境の壁は乗り越えられつつある。百年前よりは民衆の連帯が容易になりつつあると言ったら楽観的に過ぎるだろうか。

低賃金と格差で労働者が苦しみ、その不満の矛先に民族主義が台頭する現代世界だからこそ資本主義を否定し「労働者が主人公」の理想を掲げたロシア革命の理念と、ソビエトの社会的実践が見直される時代が到来したと筆者は考える。ソ連邦崩壊で見失われた社会主義に、現代世界の混迷を解く鍵があるように思われる。

とりわけ筆者が着目するのは「ソビエト」の概念である。日本では「死語」となりつつある言葉だが、「労働者民衆の自己決定権」という意味での「オールド・ソビエティカ」の再論議を提起したい。金融資本と官僚が支配するロシアやアメリカ、EU、日本そして世界ではなく、労働者民衆が無理なく自律的に参加する「共同体」という意味での「ソビエト」概念の豊富化が、筆者のロシア革命百年後の総括である。

## 追記　一国社会主義肯定論

ここ数年、筆者は日本における共和主義と共和制革命の可能性について言及してきた。しかし、日本の共和制運動について、おもに無党派運動や無政府主義者から「共和制では『国民国家の解体』にならない」とする批判があった。本稿をふまえれば、レーニンは、第一段階に①帝政の廃止から共和制移行を実現し（二月革命）第二段階で②ブルジョワ共和制からプロレタリアート独裁（十月革命）で社会主義革命を完成させた。だが、彼ら無政府主義者や無党派運動の眼には、レーニンとボルシェビキによって、ロシア革命が「簒奪」されたように映るのだろう。座談会でも触れたが、無政府主義者やメンシェビキが十月革命~憲法制定議会解散に至る経緯で、ボルシェビキから締め出されたことが、彼らの「トラウマ」になっている。その気持ちは分からなくはない。しかし、ロシア以外の世界の国々の歴史を見ても、君主制（天皇制）を廃止するためには共和制運動が最も有効であることは一目瞭然だ。彼ら無政府主義者が主張する「国民国家の解体」なるものが「いたずらに混乱を長引かせてブルジョワを利する」のが、ロシア革命一〇〇年の総括であることは言を待たない。

日本の共和制批判のもう一つはトロツキー主義者や無政府主義者による「一国社会主義」批判である。一例を挙げれば、一九八〇年代に天皇制反対運動をしているグループの一部から「日本が共和制になれば一国社会主義論でスターリン主義が台頭する」という共和制批判があった。しかし、ロシア革命から一〇〇年を経た二〇一七年のこんにち、生産手段の国家管理という意味での純粋「社会主義」国は、ほとんどない。強いて挙げればキューバが二〇世紀的な意味での「社会主義国」に該当する。しかし「一国社会主義」になったキューバを批判する声は少ない。むしろ「世界革命」論者であるトロツキストや無政府主義者や無党派運動がキューバを好意的に評価している。そのくせ日本では「共和制は国民国家の解体にならない」「一国社会主義になってしまう」とするのは二重三重に矛盾している。

「共和主義」は「社会主義」以上に「普遍的」な概念である。彼ら無政府主義者やトロツキストが本当に世界革命を望むならば、まずは日本の共和制運動ではないだろうか。

現在、世界二〇〇ヵ国のうち、約一六〇カ国が共和制国家だ。人口の九〇%以上は共和制国家にある。残った王制国家を見ても人口一億以上の王制国家は英連邦（イギリス・カナダなど）と日本しかない。世界の全部の国が立憲君主制を含めた王制をやめて、全世界が共和国化して「均一な国家」になれば、理屈の上ではグローバルな意味での「二段階革命」が可能だ。したがって無政府主義者の理想とする「国家の廃絶」に至るには、第一段階として、まずは日本を共和国化し、中南米の一国社会主義となったキューバに続いて、アジアでの「一国社会主義」を目指す。ただしスターリン主義を克服した社会主義で、というのが二一世紀の「世界革命」の第一歩ではないだろうか。

# ロシア革命一〇〇年

旭　凡太郎

今年は一九一七年ロシア革命から一〇〇年目にあたる。一九一七年ロシア革命に続き、ドイツ、イタリア革命とその挫折があり、第三インター形成、中国革命の台頭が続いた。第二次大戦後ユーゴ、中国等の革命があり、帝国主義諸国での戦後革命とその挫折があった。更にキューバ、ベトナム革命の勝利があり、帝国主義諸国でも「一九六八年」といった現代帝国主義への「抵抗・異議申し立て」の試みが続いた。

一九九一年ソ連は崩壊し、中国では「改革開放」、国家社会主義から国家資本主義への「移行過程」が続いている。

他方では帝国主義のグローバル化・新自由主義的労働支配・格差・反テロ戦争に対し、サンダース、メランション、ドイツ左翼党等が登場している。それらは一〇〇年前のロシア革命との継承・連続性を我々に問いかけている。

ロシア革命を見切る、否定する意見もあるなか、あえてその「意義」を問い、ボリシェヴィキ・レーニン主義のぶつかった壁、試練、といったことをわれわれが引き受けるということでもある。

レーニン死後、結果的に、スターリン統治下反対派粛清・殲滅、共産党一党支配の法制化、強制的農業集団化、工場管理における国家・党による任命制・独裁とヒエラルキー・格差の固定化を結果した。とはいえロシアで革命に勝利し、社会主義建設への苦闘・論争を続けたロシアプロレタリアート、諸分派をふくむボリシェヴィキの活動、生命力は評価したいと考える。

そしてソ連崩壊とはいえ「インサイダーによる企業所有制度」「農業企業」等旧ソ連社会の痕跡を残している「ロシア社会」の革命は、帝国主義、旧第三世界・新興国、中国をふくめた「旧国家社会主義諸国」の革命というグローバル帝国主義打倒・世界革命の一環として壮大なものとなるであろう。

「ロシア革命一〇〇年」を論じる場合、一方ではボリシェヴィキ、ロシア革命の歴史的貢献―「帝国主義戦争を内乱へ」「全権力をソビエトへ」「第二インターにかわり資本主義・帝国主義と闘える党の創設」…といったことがある。

他方では、戦時共産主義における割当徴発と農民の反乱、企業―工場管理における国家―党による一元的任命・指揮・管理体制の形成、分派禁止問題等の問題がある。それらは一九二〇年代後半以降のスターリン体制に引き継がれたのではないか、レーニンはこれとどう対処しようとしたのか、といった問題がある。

とくに前者、「帝国主義戦争を内乱へ」「全権力をソビエトへ」「第二インターにかわる党の建設」という問題は、われわれがロシア革命、第三インター、中国革命、戦後革命等を継承する、あるいはマルクス主義なりレーニン主義を継承するといった場合の軸をなすものであった。

生産の集積、独占、資本輸出、植民地分割から帝国主義戦争の必然性を導き出し、「祖国防衛」「排外主義」に屈服する第二インター系と決別して、「帝国主義戦争を内乱へ」と進んだボリシェヴィキ・

レーニン主義の歴史的役割は誰も文句を言えないものであった。

またロシア革命はパリ・コミューンの経験（コミューン型国家とその四原則）を到達点とした革命運動から、二重権力〜ソビエト（構成的権力とか自己権力等とも評価されてきた）をつくりだしてきた。それは古い国家権力の破壊、ソビエトの支配権力への転化を文字どおり一九一七年二月〜一一月をとうして実現してきた。それはしかも文字どおりロシアプロレタリアートの戦闘性によって進められた。（一九〇五年革命。ならびに一九一七年二月〜カデット、メンシェヴィキ、エスエルをも含んで「大衆ソビエト」として続いた。そこでボリシェヴィキが公然たる論争「全権力をソビエトへ」をかかげて闘い、そこで多数派となり、そのペトログラード・ソビエト議長を先頭に蜂起を機関決定し、権力をとり、即日全ソビエト大会で承認されたのだった。）（もちろんカデット、メンシェヴィキ等は抗議したが）

こうした資本主義、帝国主義と闘える党は、第二インター、社会民主主義との分岐を経て闘いとられたものであった。（最近できたドイツ左翼党でも、レーニン、ロシア革命への論及は避けられていたが、第一次帝国主義戦争にいたるドイツ社民党の反動的役割に論及し、ローザ、リープクネヒトの継承を掲げている）

## ●「ロシア革命・否定論」

しかしながら一九九一年のソ連の崩壊をうけて、この「ロシア革命」そのものを批判、否定する傾向も広がってきた。

「ロシア革命＝クーデタ」「ボリシェヴィキの陰謀」「工業、労働者階級の未発達・少数のロシアでの革命は無理」「革命するべきではなかった」等。

ここでは先述したように、ロシア革命における「ソビエト」による蜂起・権力奪取そのものは「公的」なものであったことは前提としなくてはならない。（ソビエトで多数派になったことと、一九一八年憲法制定会議投票で少数派になったこととのギャップはあるが、西葛西氏が述べているように、「構成的権力（ソビエト権力）による二重権力の解消はやむをえない」。

そしてローザ・ルクセンブルクが言っているように「プロレタリアートはひとたび権力を握れば、カウツキーの忠告に従って「国の未成熟」という口実のもとに社会主義的変革を諦めることはあり得ず、自分自身とインターナショナルと革命を裏切ることなしには、もっぱら民主主義だけに献身することはできない」（「ロシア革命論」）

また一九一七年当時のロシアの工業、プロレタリアートの発展度合いとしては、「ロシア革命」（ロバート・サーヴィス）によると鉄道は三万マイル、石炭、銑鉄・鉄鋼は世界四位。工場と鉱山労働者は三一〇万人、五分の二以上は一〇〇〇人以上の大工場。鉄道、建設、家内工業をふくめると一五〇〇万としている。「図説ロシアの歴史」では労働者二〇九万、石油生産は世界一、農民は人口一億五六四万人のうち九六九〇万人としている。

労働組合論争（一九二〇～二一年）では労働組合員は七〇〇万人としている。従って数百万以上、大工場も相対的に発達していて、少数派ではあるが「階級」として登場・自己主張する力はあったといえる。

いずれにせよ圧倒的農業国・農奴制の国ではあるが、外国資本の投下もあり、労働者の勢力も急拡大過程にあった。がなによりも一九〇五年革命、一九一七年二月革命を闘いとった圧倒的戦闘力があった。（それこそボリシェヴィキ、レーニン主義を生み出した基礎であった。）

もちろんそれらは九割を占める農民、土地を求める貧農、中農の社会的運動・圧力・反乱を背景としていたのだが。

だからソビエト・二重権力を闘いとったプロレタリアートが、権力をとらなければ、農民の反乱・地主地の奪取を見殺しにすることになり、また帝国主義戦争を終わらせることもできなかった。

## ●戦時共産主義をめぐって

もちろん圧倒的な農民・農奴制国で、工業的プロレタリアートが即単独で支配権を握るには未発達であったことは事実であった。（だからボリシェヴィキはロシア革命のドイツ革命への転化を期待していたのだが）そして権力をとったプロレタリアート、ソビエト権力は、帝国主義国の干渉戦、内戦もあって、著しい困難に直面したのであった。

それが戦時共産主義（一九一八〜二一年）であり、一九二一年のネップへの転換にもつながるのであった。

そこにはボリシェヴィキ、レーニン等が革命前想定していた「労農同盟」「労働者全員の順番の管理」とのギャップがあり、戦時共産主義期の「農民への割当徴発」「工場・企業の管理・指揮における単独責任制・任命制」「分派禁止・一党支配」等の問題があった。

周知のごとく二重権力の最中（一九一七年八〜九月）に書かれた「国家と革命」第三章で「資本主義文化は大規模生産、工場、鉄道、郵便…その他をつくり出した…これに基づいて旧「国家権力」の機能の大多数は非常に単純化され…きわめて単純な作業に帰着させることができるので…読み書きのできるものならだれにも容易にできるものとなり…、監督と経理の機能がすべての人によって順番に遂行され、それが習慣となり、最後に、人間の特殊な層の特殊な機能としてはなくなるような秩序―が序々に創出されてゆく」等権力奪取後の社会主義建設でラディカルな構想を提起していた。

（註）これらは同じ「国家と革命」で述べられているコミューン型国家の四原則（全人民武装、公務員の労働者なみ賃金、リコール制・選挙制、代表機関の行動団体への転化）と一体化して述べられている。

そして五章での、「ゴータ綱領批判」に依拠しての「国家死滅の経済的基礎」をも前提としている。すなわち共産主義の第一段階―等しい労働の量に等しい生産物、共産主義の高い段階―「各人は能力に応じて働き、その欲望に応じて受け取る」といった「労働給付と分配の関係」について述べられている。

そして最後には「個人が分業に奴隷的に従属することがなくなり、…精神労働と肉体労働の対立が消滅したのち…」といったことがのべられているわけである。

そして権力奪取後、ソビエト権力は、農民の生産する食糧と交換しうる工業生産物の不足に直面して、農民への強制的割当徴発という方策をとった。そこでは飢饉も重なり、食糧不足、播種用穀物の不足、といったことをも結果せしめた。こうしたなか農民は地主地没収を後押ししたボリシェヴィキ・ソビエト権力までは支持した。が割当徴発には農民の中から少なからぬ反発・反乱・内乱的局面が作り出された。白軍との内戦もあり、なかんずくクロンシュタット反乱によりボリシェヴィキは困難にあい、割当徴発、戦時共産主義の総括、ネップへの転換へと余儀なくされた。（一九二〇年ウランゲリ、白軍の撤退は、それを加速、可能にしたとも言われる）

そしてネップ（強制割当徴発にかわり一定の現物税を賦課する。余剰農産物は農民の自由な市場交換が可能となる。）の導入によって農民の反乱は終息し、農業生産水準も向上した。

そして、レーニンはこのネップを実践しながら、単に農民への定率的税負担と余剰農産物の市場交換にとどまらない生産、交換制度を追求しようとしたと考えられる。

## ●ネップと、協同組合・「参加・管理」等

一方、戦時共産主義においては、「労農同盟」が困難におちいると同時に、前記の「労働者全員による順番の管理業務」といった構想（あるいはブハーリンは「合議制、選挙制、交代制と責任分散」といったことをかかげていた）も壁にぶつかった。すなわち「プロレタリアートの指導のもとに物資の生産と分配の全人民的な記帳と統制とを組織するというわれわれの仕事は、収奪者を直接に収奪するというわれわれの仕事からひどくたちおくれてしまった。」（「ソビエト権力当面の任務」）という現実に直面した。こうしたなかからブルジョア専門家の登用や、工場管理者の単独責任制、（国家・党による）任命制を導入しようともした。「独裁者という無制限な全権をもつ個人を任命することが、

ソビエト権力の根本原則と一般的に両立できるか」と問題をたてながら、「労働条件については集会をひらくという任務を、作業中はソビエトの指導者、独裁者の意志に異議なく服従するということと一致させる道を進む」というかたちで両立させようとしたわけである。（一九一八年「ソヴィエト権力当面の任務」）

こうした路線は当然自己矛盾があり、そのことをレーニンは自覚していたと思われる。

（註）一九二〇年～二一年の労働者反対派はこのことを批判し、「生産組合による生産の運営」「あらゆる機関の選出と報告」、「党員の三ヶ月の肉体労働義務（それぬきに指導的役職につけない）」等提起した。（「ロシア革命と労働者反対派」）

ネップへの転換はこうした戦時共産主義期の農民問題、労働者管理問題等の直面した壁への総括、反省がこめられていたと考えられる。

ネップの一定の成果（農民の反乱が治まったとされる）を経て、更なる追求が進んだと考えられる。

ネップは直接には農民から一定の現物税をとるかわりに、余剰食物の自由販売を認めること、従って一定の市場経済を認めるということであった。

そしてこのネップに対する「取引の自由とは、商業の自由であり、資本への後退を意味する」といった危虞も広まった。

当初レーニンの主張の重点はこうした危虞への説得といったことに重点があった。

ネップについての解説「食糧税について」では①家父長制農民経済②小商品経済③私営的資本主義④国家資本主義⑤社会主義のウクラードを挙げた上で、「ロシアでは小ブルジョア的な資本主義が優勢であるが、それからは大規模な国家資本主義へも、また社会主義へも、同一の道が通じているのであり、「物資の生産と分配に対する全人民的な記帳と統制」と呼ばれる同一の中間駅を経由して道が通じている」（三二巻）というかたちで、「市場経済の否定的ならざる側面」への言及が中心であった。

その後一歩進めて、一方では「労働組合の生産管理への参加（一九二二年「全集三三」）」といったことや、「労働組合のストライキ闘争」を問題としている。他方では「協同組合について」の小論で、「協同組合が①生産手段の所有が国家の手にあること②農民にとってできるだけ簡単で、容易にわかりやすい方法で新しい秩序に移行する…あらゆる小農民がこの建設に参加するために」「真の住民大衆が実際に参加できるような協同組合」

…と述べ、前記論文での「市場経済」「商品交換」一般から、協同組合を通しての「参加」「管理」への道を言及している。

同時に工業においても「国家すなわち労働者階級に属する土地に、国家の生産手段でたてられるならば、協同組合企業は、社会主義企業と異ならない」と位置付けている。

もちろんこれらは「政策化された」ということではないが、レーニンが晩年、農民政策、労働者管理政策において、それまでの党・国家による指揮命令・一国一工場・単独責任制・任命制への矛盾を見つつ、次への道を追求しはじめたことを見ることができる。

もちろん、それは追求が始まったということで、路線的結論がでたということでもない。（もしそれがあったら、そういった意味におけるレーニン主義の継承者が大量に育っていただろう。）

（註）そういった意味では「国家と革命」での「全員の順番の管理」、あるいは「労農同盟」の問題点もでてくる。

資本主義のもとでは「大規模工業化で、国家の機能の大多数は単純化され…」という面もあるが、生産手段の発展と科学、管理、専門、熟練、単純労働への分化と階層制を拡大する面もある。（実際スターリン時代それは一党一分派支配と結合したヒエラルキー・格差、支配の体系となっていった）

こうしたことをどう克服してゆくかという問題である。（外科医等資格ぬきにはできない職もあるが、一般的管理職なら誰でもできる、といった意見もあるが）

あるいは資本主義発展に伴なう工業と農業の対立、労働者と農民の分断、という問題である。ボリシェヴィキの農業理論は農村の階級分解、貧農との同盟と自営農民への警戒、市場への警戒と国家干渉への支持への傾向が強かったとされ、それが割当徴発を合理化する面があったともされる。

が、近代工業は農業や自然を抑圧する面があること、これの克服が「労農同盟」の中心にあることを理解しなくてはならない。（地主地を没収したあとでは）

こうした近代資本主義（工業）の打倒、転倒の下での、相互支援・差別克服をふくめての労働者自主管理、労農同盟、という問題を提起し、複合性を含みながら解決としては次世代に残した、というのが戦時共産主義からネップへの転換におけるレーニン「主義」といったことと考えられる。

そうした課題を、疑いもなく、反動的に一面化・徹底して「解決」したのがスターリン、ということになる。

## ●「分派禁止」論議と、プロレタリア民主主義

それは同じ一〇回大会（一九二一年）で提起された「分派禁止」問題とも重なる。

戦時共産主義や労働者反対派等の党内闘争激化のなかで、党の統一が困難となり、分派禁止を提起している。

「別の政綱をもち、ある程度門戸を閉ざし、自己のグループ的規律をつくりだそうとつとめるグループ…」すなわち分派、については「すぐに解散すること」を要求している。（一九二一年、一〇回大会）が同大会でリヤザノフへの反論として「根本問題について意見の相違がおこっている場合にわれわれは党員や中央委員から党に上申する権利を奪うことはできない」「そういう場合には政綱に基づいて選挙をおこなわなければならない」

「非常措置（分派禁止のこと）そのものについて言えば、これは未来のことであって、いまそれを適用しておらず同志的信頼を表明している」とも表明している。実際レーニンの時代に分派禁止措置はなされていない。（一九〇三年分裂後統一のために「分派」（「中央委員会」～「スクラ編集部」）継

続を主張したことと併せて考える。）

そうした意味では、戦時共産主義期の壁、それからの活路としてのネップ、協同組合論議とおなじく矛盾を含んだ未解決の過程として、次世代、あるいは我々に提起しているものと言えるわけである。

（註）この間事実上共産党をのぞいて合法活動ができなくなった」（メドベージェフ「一九一七年の革命」）とある一方、各分派・グループが解散されることはなかった。ローザ・ルクセンブルグが警告したような「独裁とは階級の独裁であって一党や一派の独裁ではない、階級の独裁とはもっと広く公開され、人民大衆のこのうえなく活発に自由に参加する何の制限もない民主主義のもとでの独裁である」といった警告にたいする歯止めは存在していたと考えられる。

（同時に「ネップ、協同組合、工業化と労働者自主管理、の発展とともにじょじょに「民主主義」を導入してゆくことも課題となっていった、とも想定できる。」）

スターリンはその後、反対派の粛清（トロッキー、カーメネフ、ジノヴィエフ、ブハーリン派）、共産党一党支配の憲法への成文化、強制的農業集団化、国家・党による工業と管理の支配、階層・分業ヒエラルキー的支配等疑いもなく、反動的に一元化・体系化していったわけである）

（補註）不破哲三（日本共産党）の社会主義論について

不破哲三の場合も旧ソ連と同じ構造、すなわち、まず骨格としての「生産手段の社会化」（国有化）ということと、「党・国家の計画」ということである。

「未来社会の経済の土台をなすのは「生産手段の社会化」―生産者たちが、共同で生産手段を自分の手ににぎること―これを実現することによって搾取の廃止と人間の解放…経済の計画的な運営にも生産力発展の新時代にも、壮大な道が開かれる」（『マルクス未来社会論』二〇〇四年　p一六）と。

すなわち「相互支援・平等をふくめた労働者自主管理」ならぬ、「全体は党・国家の指揮・計画」、それに従う個人というスタ的発想の枠にある。

従って彼は、マルクスが一八七一年のパリコミューンの経験のなかから発見した民主主義―コミューン型国家の四原則（全人民武装、官僚のリコール制、労働者なみ賃金、決定―行動団体化）の否定、無視にいたるわけである。

すなわち「その実態は…決して社会主義の政府ではありませんでした。（p二五）」と、コミューン型国家の四原則はいわば門前払いされているわけである。

そして「相互支援・平等をふくめた労働者自主管理」への能力・経験への一環としては、各人における固定された分業の止揚といった課題がある。

そして管理的精神的活動は、科学、創造性、諸機能のオルガナイズ、政治的社会的判断をともなうわけだが、労働者各人がそうした活動・職業を移動しうるということは各人の社会的視野・管理能力・意識的労働支出への判断にとって不可欠である。

マルクスが強調したように「いろいろな社会的機能を…かわるがわる行う（資本論）」、「朝には狩、午後には釣り、夕方には牧畜…（ドイツ・イデオロギー）」、すなわちある時は管理、あるときは物質的労働、ある時は精神的労働を、あるときは農業労働を移動する、といったことにかわることはできないと考えられる。したがってそれの相互的社会的保障ということが重要になる。

だから不破が「マルクスは、こうした見方（注　固定化された分業の止揚）をかなり早い時期に捨て去りました。分業に悪の根源を見いだし、分業の廃止に解決の道を求める、という考えの誤りに気がついたのです。p二〇八」というとき、「何のための社会主義・共産主義」かということが問われる。もちろん社会的分業そのものは永久になくなることはない、だからこそ「自主管理」なり「労働者民主主義」なりの一環として「各人における」固定化された分業の止揚という課題があるのだが。

## ●ロシアの「国家資本主義」化

以上ロシア革命、ロシア社会主義建設の問題は終わったわけではない。一九九一年のソ連崩壊はスターリン時代の「社会主義建設」の破産を示したが、資本主義の正当性を証明したわけでもない。「自己増殖し他人労働を支配する運動」としての資本主義になりきれない「ロシア社会」という現実がある。

すなわち、こうしたなか一九九〇年代以降のロシアの国営企業の民営化は、プーチン統治下で「国家資本主義」へと収斂されようとしている。

これは旧ソ連直後の時代の国営企業の民営化にもかかわらず、「私有財産」「自己増殖する価値としての資本」という運動体・機構・イデオロギーがロシア経済・社会を制圧しきれなかった、ということを意味する。

「純粋資本主義」「新自由主義的資本主義」ならぬ「国家資本主義」という場合には、労働者全員に株購入券・バウチャーを配布することによる民営化が、インサイダー（内部従業員、経営者）所有・運営に帰着したこと、そのなかでも経営・管理者層に収斂していることがまず第一にある。また一九九〇年代製造業衰退後、台頭する石油、ガス産業を中心に国営事業の比重を拡大したこと。「国家コーポレーション」というように政府と国営〜民営〜中間の集まりが経済運営の基軸となっていったことを意味する。

もちろんそれは「うまくいっている」ということではない。

「ロシアの多くの国有企業ではインサイダー（企業管理者あるいは労働者）がその企業の株式を入手した結果、労働者管理企業へ転換しただけにとどまり、経営の転換が進まなかったことが知られている」（現代ロシア経済論）と述べている場合すらある。（後述するごとくインサイダー所有といっても従業員から「経営層」に移ってしまっているのだが）

実際ロシアでは民営化のはじまる一九九一、二年くらいからマイナス成長で、一九九九年から成長に転化したのであるが、それは石油、ガス等燃料、エネルギー輸出の成長に基づくものであって、工業生産は停滞を続けている。

ここで「労働者管理企業」というのは疑問だが、民営化において、私的・自己増殖する価値としての「資本の専制」をロシアのプロレタリアートが選択しなかったという面は重要である。（当たり前のことだが、一九九二年の民営化は私的資本が推進したのではなく自信を失った労働者が選択したのである）

すなわち民営化はバウチャー方式が基本で、あと担保民営化、の二種類であった。（前者は公開、後者は密室・談合型入札で、批判の対象となった）

前者では従業員集団が普通株の五一％を優先買い取り、といった方式が支配的で七五％を占めた、とある。（「現代ロシア経済」安達）

この従業員をふくむインサイダーが支配権を握ったわけだが、その中でも従業員にたいし経営者の比重が拡大したこと、政府の比重が拡大したことを示している。

| | 一九九五年 | 二〇一一年 |
|---|---|---|
| インサイダー | 五四％ | 五〇％ |
| 経営者 | 一一 | 四二 |
| 従業員 | 四三 | 五 |
| 関連会社 | | 三 |
| アウトサイダー | 三七 | 三八 |

政府　九　一二

（「現代ロシア経済論」九九頁）

それはある意味、プーチンの「国家資本主義化」が、政府・国家とテクノクラートの権限強化を意味し、ソ連時代の「単独責任制」「任命制」とも二重写しにされる面もある。（ソ連では革命直後労働者の全員の産業・工場管理を想定していたが、教育、経験、訓練の不足もあり、今すぐには無理であることに直面した。

そこでとりあえず国家による企業長（管理者）の任命制と単独責任制をやむをえず一時的なものとして行い、管理の機能と管理の学校を一時的に分離する、とした。（レーニン「ソビエト権力当面の任務」）

がそれはスターリン時代に固定化され、一九九一年ソ連崩壊まで続いてしまい、資本主義に対する優位性を語るべきものもないまま、崩壊せざるをえなかった。

そして格差を示すジニ係数は一九九一年の〇・二六〇から二〇〇七年〇・四二三へと拡大した。（「現代ロシア経済論」）

（「ロシアに独自の会社形態として自主管理型の人民企業も定められたが、それは閉鎖型株式会社の一形態」といった面もあるようだが。）

またロシアの法では株式会社は公開株式会社（証券市場での株流通可）と閉鎖型株式会社（ほかの株主の合意なしに転売できない）とがあり、閉鎖型がほとんど（六倍）とあるから、生産集団型「企業」ということになる。

他方前記の「バウチャー型民営化」にたいする「担保型民営化」というのは、政府が企業に借金し返済のかわりに国有企業に入札させ私企業のものにする…というものでロシアにおける「オルガリヒ集団」(寡頭企業集団)の形成を結果した。国有企業の私財化として評判も悪く一九九七年廃止された。

他方製造業の衰退とエネルギー・資源業の台頭と、敵対的オルガリヒ放逐(ユコスのホドルコフスキー追放・懲役)が重なって、ロシアにおける国営企業の比重がプーチン時代に拡大した。

一九九一年二三・九%あった機械・金属加工、(次いで食品一七・八%、軽工業一六・六%)となっていたのが、二〇〇九年機械・設備、電気・電子、工学機器、輸送機器あわせても一二・二%にすぎなくなっていた。

燃料工業は六・三%を占めたにすぎなかったのが、燃料・金属採掘・加工が四五・一%になった(同)そして輸出にしめる鉱物性燃料の比は七〇%におよぶ(「世界の統計」)

(ソ連の時代一九九〇年乗用車生産一一三万台の時ヴァルガ自動車工場はその七割生産した。二〇〇八年乗用車販売は輸入が一九九万台、生産が一四七万台、生産の四割は外資系、だった)(同)

こうしたなか、敵対的オルガリヒ(ユコス事件)放逐を契機とするユーコス資源の国有石油企業ロスネフチによる吸収とあいまってガス(ガスプロム)、石油(ロスネフチ)両国有企業のトップ化を含めて、国有企業の比重が拡大したわけである。

（補注）民営、国営トップ三〇社の売り上げ比も二〇〇〇年にはほぼ同じ（一六四四五〇三：一六四〇九一一　百万ルーブル）が二〇一三年（一五二三五八五四：一七九四一〇二一）というように「国営の拡大」が進行している。「現代ロシア経済」）

その他ＢＮＰパリバ証券の二〇一二年「約半分」とかの紹介もある。（同）

資源・エネルギー価格の不安定性ということや、過去のソ連時代の「工業化」や、プーチンが参考にしているという韓国・中国の例からしても、工業水準の強化ということは不可避だろう。（二〇〇八年採択の「ロシア連邦の二〇二〇年までの中長期社会経済発展構造」でも航空機、ロケット、宇宙、造船、電気電子工業等が重視されているという。）
その場合、このグローバリズム時代における企業～労働関係ということの問題がある。ロシアにあっては一九七一年「労働組合の同意のない解雇禁止」法があり、二〇〇一年改定されたが、解雇規制は強いという（世界銀行調査）「ロシア経済論」）あるいは解雇せずの労働時間削減、無給の強制休暇、賃金支払い延期、現物支給等の対策をとってきたという。（同）
また一九九二年↓九八年、正規雇用一七％減、非正規雇用七〇％増だが、非正規雇用は二〇〇二年七・二％で他国に比べて高くはない。（ｐ一二四）
ソ連時代からの労働保護規制が続いている面もあるといえる。今後工業生産発展の課題との関係でも大きな問題となっていくといえる。

こうした民営化におけるインサイダー（従業員、経営者）支配、国営企業の拡大策、国家―国営―民間企業コーポレーションといったプーチン下ロシアの「国家資本主義化」は、官僚・経営・テクノクラート集団の伸張・格差…をもちながらも、他方ロシア革命〜ソ連時代からの労働者の運動の歴史的反映の面が全くないわけではないといえる。

一九九二年の「民営化」において「インサイダー支配」を基本とし、いわゆる純粋資本主義、私的資本の専制支配を認めたわけではないこと、あるいはそれにたいして留保したことの歴史的意味はあるといえる。（といっても先述のごとく私的巨大資本は一九一七年革命で消滅しており、一九九二年名乗り出る資本もなかったのだから当たり前だが）

それはこのグローバリズムの時代、（工業発展という問題をかかえながら）「労働」「生産」「管理」の道を模索・闘ってゆく回路をもっている、ということでもある。

それは今日、共産党が二〇％の支持率（票）をもっているということに逆説的に反映されている。もちろん共産党は今日でも「スターリン主義」だし、民営化の再国有化を語っても、労働者自身による生産・労働の自主的共同的管理（分配の平等を含めて）について語っているわけではない。（ただし一九九二年のバウチャー式民営化で、従業員集団による優先的自社株保有・購買権方式は、共産党の要求にもとづいたともいわれている）

そうして石油、ガス依存経済から、工業的発展を射程にいれ、労働（者）の位置・活動がより重要になる時代が来つつある。

## 農業企業（コルホーズ、ソフォーズ継承）について

他方ソ連崩壊後、集団農場（コルホーズ、ソフォーズ）の解体と個人農業経営への転換が急がれた。が、生産手段（農業機械）共有の有利さ等あって、コルホーズ、ソフォーズを継承した「農業企業」が優位にたっている。

二〇〇四年時点では

| | | |
|---|---|---|
| 農業企業 | 二万 | 平均　二六〇〇ha |
| 農民個人経営 | 二六万 | 平均　七〇ha |

（二〇〇四年「野部公一」）

と圧倒的に「農業企業」の比重が高く、「集団農場」の枠を崩せない構造にある。

そしてグローバリズムのなかでアメリカ社会（格差、多国籍企業化、金融・投機化、侵略戦争）や、EU（各国内部～EU諸国の分解、ドイツ等強権化、ウクライナ問題～リビア・シリア等軍事的緊張～侵略主義）に直面して、彼らに続こうとは思わないだろう。

（「途上国」「新興国」も同じ）

そうしたとき、ロシア・プロレタリアートがその気になれば手に入れることのできる労働者の権利について考え、議論し、闘い、実行してゆく…ということはありうる。

その時自分たちの先輩たちがやろうとしたこと（革命）についても考えが及ぶかもしれない。

# 新たなロシア革命観――主に民族革命の側面から

大谷　浩幸

## はじめに

　今年はロシア革命一〇〇年である。一般的にはあまり関心は高くないが、一九一七年一〇月革命は、世界に大きな影響を与え、世界史を変えた歴史的大事件である。世界の労働者階級に希望を与え、植民地人民に解放の情熱をかきたて、世界の被抑圧・被差別民衆に夢を与えたロシア革命が、一九九一年に、ソ連解体に至る失敗に終わったのはなぜだろうか？　ソ連崩壊から四半世紀を過ぎた今日、その原因を総括し教訓化しておくことには大きな意味がある。

　ソ連で改革なしには立ち行かないという事態が深刻化した八〇年代に改革の旗手としてゴルバチョフが登場し、ペレストロイカとグラスノスチ（情報公開）が進められる。しかしこの改革も体制崩壊を食い止めることはできず、急進改革派エリツィンの登場によって一気にソ連解体へと突きすすむ。グラスノスチ以降、未公開資料の公開が進むなどして新たな事実が判明したこともあり、これまでとは異なる新たなロシア革命観が見えてきている。本稿では、その中でも、民族問題に絞って、その面でのロシア革命とは何であったのかについて見ていく。

　一九一七年のロシア革命は四つの自立した革命の「複合革命」だと和田春樹氏は、『ペレストロイ

カ　成果と危機』（岩波新書）の中で書いている。第一は労働者と兵士の革命、第二は農民革命、第三は民族革命、第四はブルジョアと市民の民主主義革命である。このうち、第三の民族革命についての分析が遅れている。その原因の一つは、ソ連当局によって、社会主義によって民族問題は解決済みとする公式見解が広宣されたことがある。第四についてはまだはっきりしていないと思うが、ロシア革命は、少なくとも、労働者・兵士の革命、農民革命、民族革命の三つの「複合革命」であるということは今や明らかになりつつある。当然、一〇月革命で政権を握ったボリシェビキにもそれはわかっていた。このうち、民族革命については、かなり早くから国際的にも議論が進んでいた。その一つは、ポーランド問題などをめぐるローザ・ルクセンブルクらとの論争である。もう一つは、オーストロ・マルクス主義者との論争である。これは、マルクス主義者の民族問題政策は、「領域的自治制」か「文化的自治制」かという論争であった。これらの議論は、主に、ロシアが征服していたフィンランドやウクライナやポーランドという西部のヨーロッパ部分をめぐってのもので、レーニンらは「民族自決権」の擁護をプロレタリアートの義務として、民族の同権と「領域的自治制」を主張した。このボリシェビキの民族問題政策の形成にスターリンが大きな役割を果たしたことを、横手慎二氏が『スターリン』（中公新書）で指摘している。スターリンは、ソ連における民族問題への対応でも主導的役割を演じる。横手氏は、最新の資料分析を通じて、レーニンとスターリンによって確立された少数民族政策がボリシェビキ全体へは浸透しておらず、少数民族問題に対する理解の足りない現場党員が少数民族とボリシェビキ政権との対立や摩擦をいたずらに引き起こしていたと述べている。また、山内昌之氏は、『いま、なぜ民族問題か』（蓮見重彦・山内昌之編　東京大学出版会）で、「スターリンの強権的な措置が可能だったのは、暴力的な強制もさることながら、あたかもソ連では「民族問題が解決された」という虚偽と幻想がソ連内外の人びとに受け入れられたからである。ペレストロイカが始まるまでは、日本でも知識人や学者の間でソ連や中国など共産主義圏内部の民族問題を解決済みと考える風潮が強く、民族問題を考えることをタブー視する風潮があった」（七頁）と述べている。ソ連の民族問題を解決済みとする幻想は、例えば、『ソ連現代史Ⅱ　中央アジア・シベリア』（木村英亮・山本敏著　山川出版）に、著者が、中央アジア・カザフスタン・ザカフカージェの複雑で入り組んだ民族構成を指摘した上で、「民族紛争の絶え間のなかったこれらの地域は、革命後ソヴェト権力のもとで大転換をとげた。民族問題は基本的に解決され、「階級的矛盾がなくなれば民族的対立もなくなる」ことが実証されたわけである。この歴史的経験の重要性はいくら強調してもしすぎることはない」（一〇頁）と書いていることにも示されている。しかしそれが事実ではなかったことが、ペレストロイカ以降のこれらの地域で多発した民族対立などによって明らかになっている（『情況』一九九一年二月号所収の長尾久氏の「ソ連解体　民族の革命一九一七―一九九〇」にその一端が紹介されている）。

## 「民族自決（領域的自治・分離の自由）」と「民族的・文化的自治」

一九〇三年に決定されたロシア社会民主労働党綱領の第九条に対して、ローザ・ルクセンブルクは、「あらゆる国、あらゆる時に一律に適用できるような「諸国民の権利」などというものは、「人権」とか「市民権」といった類いの形而上学的な空文句以外の何ものでもない」（『民族問題と自治』論創社　一二頁）と手厳しく批判している。しかし、彼女としても、一九〇五年ロシア革命によってロシア帝国で民族問題への対処が焦眉の政治的課題として浮上してきたこと、「ロシア帝国における革命は、とりわけ民族問題を討議の場に引き出した」（二頁）ことはわかっており、彼女が民族問題についての見解を作り、態度を早々に決定する必要があるから、このように批判したのである。彼女によれば、この第九条は、「党は民主的共和国を要求しており、その共和国の憲法は、とりわけ「国家を構成しているあらゆる民族に自決権」を保障するであろうとされている」（三頁）ものである。彼女はさらにそれに関連する要求として七条と八条をあげている。

「もちろん、ロシアの党の綱領には、この問題に関してさらに二つのきわめて重要な要求が含まれている。そのひとつは第七条で、身分制の廃止と、性、信条、人種、民族の差別なく、すべての市民の完全な同権を要求している。もうひとつは第八条で、国家の住民は、国家の負担で学校自治の原則にもとづいて民族語で教育を受ける権利をもつこと、また集会や、国家や公共のあらゆる施設で国家語と対等に自分の言語を使用する権利を持つべきである、と述べている。他に民族問題と密接に関連しているものとして、第三条がある。そこでは、独特な生活条件や住民構成を示している地域のための広汎な地域自治と地方自治の要求が定められている。だが、この綱領の起草者たちは、市民の同権、言語の権利、地方や地域の自治では民族問題を解決するには明らかに不十分だと考えたらしく、そこで、ただちに、さらにどの民族にも「自決権」を与えるという特別の条項をつけ加える必要があると認めたのである」（同前）。

それに対して、レーニンは、これはオーストロ・マルクス主義者のオットー・バウアーが心理主義に陥って提起した「民族的・文化的自治」と同じであると批判して、第九条を擁護した。彼は、「労働者階級は、けっして民族問題を物神化してはならない。なぜなら、資本主義の発展は、かならずしもすべての民族を独立の生活に目覚めさせるとはかぎらないからである。だが、ひとたび大衆的な民族運動がおこったときに、この運動をあっさり無視すること、この運動のなかの進歩的な要素の支持を拒否することは、実際には民族主義的偏見に陥ること、すなわち、「自」民族を「模範民族」（すなわち、われわれとしてつけくわえていえば、国家をつくる排他的な特権をもつ民族）だとみとめることを意味する」（『レーニン全集第二〇巻　大月書店　四六八頁』と述べている。結局のところ、「諸民族の完全な同権、民族自決権、すべての民族の労働者の結合——マルクス主義者も、また全世界の経験も、ロシアの経験も労働者にこの民族綱領をおしえている」（四八八～九頁）というのである。レーニンの以上の考えからは、プロレタリアートが、国家建設の含む諸民族の完全な同権を認めなければ、必然的に国家建設の権利を排他的権利を持つ特権的民族の支配を認める民族排外主義に屈服することになり、それと闘う被抑圧民族の民族主義の進歩性を支持しなければならなくなるのである。それは、あらゆる民族主義と闘うプロレタリアートの平等な国際的結合を遅らせることになる。民族的不平等がある限り、被差別・被抑圧民族のプロレタリアートと抑圧民族のプロレタリアートの間の不平等が両者の対等な結合を妨げ続ける。したがって、国際プロレタリアートの平等な連帯関係を築くには、民族的不平等を解消する必要があり、それにはいかなる民族にも国家建設を含む同等の権利を認めるしかないというのがレーニンの民族自決権についての主張である。

## ロシア革命と民族運動（タタールを中心に）

一九〇五年革命で成立したストルイピン政府は、一方で富農創設のための私有の拡大を中心とする農業改革を上から進めながら、他方で、政治弾圧を強化するとともに、民族抑圧・差別を強めた。ポグロム（ユダヤ人虐殺）、ロシア語とロシア正教の強制などの民族抑圧策が強化された。それに対して、フィンランドやウクライナなどのロシア西方の民族独立の動きがまず強まっていく。一九〇四年に、フィンランド自治権廃止に反発した前年の暴動に続いて、ロシア総督暗殺が起こる。こういう動きは、やがて独立へとつながっていく。

それに対して、中央アジアやシベリア、カフカースなどの被征服諸民族は、まだ民族形成の過程にあり、民族意識も希薄であった。そこに歴史的に独特の民族問題が生まれる。それを、山内昌之氏の『スルタンガリエフの夢』（岩波現代文庫）に主に依拠しながら、タタールを中心に見ていこう。

一九世紀からこの地域に「汎トルコ主義」「汎イスラム主義」の動きが起きるが、これらの区別は、はっきりしていたわけではない。その中で、イスラムの近代化を目指す改革運動のジャディーディズムが起きてくる。この運動のなかで共通の民族語や歴史や文化の再発掘や再評価が行われ、教育改革が志向されるようになる。一九〇五年八月、ニジノ・ノブゴロドで、第一回全ロシア・ムスリム大会が開かれ、「連盟」を結成することを決定した。この時、採択されたのは、「政治・経済・社会改革のためのロシア・ムスリムの統一、全民族の代表が立法・行政機能を分有する民主的政体の樹立、ムスリムとロシア人の法的平等、ムスリムの学校・出版・印刷・文化生活を発展させる自由、定期的大会の招集」

（一二二頁）である。第二回大会は、一九〇六年一月、第三回大会は同年八月に開かれた。最後の大会で、「連盟」は、完全な宗教・文化的自治の獲得を目指す政党へと転換することが決定され、「国会（ドゥーマ）」に参加していく。

一九一七年二月革命で帝政が崩壊して臨時政府が樹立されたことで、ムスリム諸民族の民族問題解決の選択肢として、リアルには、臨時政府の下での「文化的自治」と「連邦共和国」内部の「領土的自治」の二つが生まれたと山内氏は言う。

「民族の居住地域を超えた文化的自治の支持者は、タタール人商業ブルジョワ、パン・トルコ主義を唱える自由主義派知識人、メンシェヴィキに近い穏健社会主義者であった。他方、領土的自治に固執していたのは、カザンのブルジョワの一部、アゼルバイジャンの産業ブルジョワ、トルキスタンの「ジャディード」知識人、バシキール人とタタール人の社会主義者のうちやがてムスリム・コムニストになる人びとであった（『革命と民族問題』一八三―一九二）。

アゼルバイジャンなどロシア帝国の「周縁」で生まれたばかりの民族ブルジョワは、外部から触手をのばす「よそ者」のブルジョワとの競争から地域市場を防衛するために、連邦国家と領土的自治に賛成した。他方、タタール人ブルジョワは、商業交易を通して利害の触角を「周縁」に伸ばしていたので、統一国家の維持に大きな関心を払わざるをえなかった」（一三一頁）。

しかし、二月革命からわずか八カ月後の一〇月一五日、「第四国会（ドゥーマ）」のムスリム議員たちは、全ロシア・ムスリム大会を準備するために、「ロシア・ムスリム臨時中央ビューロー」をつくることを決定した。第一次臨時革命政府の自由主義的ブルジョア政党のカデット（立憲民主党）は、「単一にして不可分のロシア」を掲げたため、ムスリムたちは臨時革命政府に対して批判的になった。しかし、シベリア、中央アジアに散らばるタタール人商業ブルジョアジーはロシアの単一市場の維持を利益と考えて「文化的自治」に傾いていく。「文化的自治」はムスリムから広く支持されたという。その理由を山内氏は以下のように分析している。

「民族領土を超えた文化的自治の支持者たちは理論的には「階級未分化論」または「無階級論」をふりかざし、組織的には「ムスリム委員会」を各地につくりあげて「タタール・ヘゲモニー」を他民族にも行使しながらパン・トルコ主義を鼓吹した。かれらは、タタール人の属するムスリム社会がロシア社会と異なり、敵対しあう階級に分化していないか、そもそも社会階級が存在しないという立場を強調した」（一三三頁）。

五月一日から、革命によって新たに第一回とされた全ロシア・ムスリム大会がモスクワで開かれた。ここで、白熱した討論を引き起こしたのは、ムスリム諸民族とロシア国家との関係をめぐってであった。「統一主義」＝「文化的自治・部分的領土的自治容認」派と「連邦主義」＝「領土的自治」派の対立である。「統一主義」を代表してツァリコフが演壇に立った。彼は、「イスラムの統一性と「歴史的運命」を根拠にロシアのムスリム諸民族とエスニック集団が単に血の「民族」としてまとまりをもつことを論証しようとしたのである」（一三八頁）。それに対して、「連邦主義」を代表してアゼルバイジャンのアフメド・エミン・レスルザーデは、「このような広い土地では、地方分権化と領土的自治を許す民主共和国こそロシアのムスリムに似つかわしい」（一三九頁）と主張した。大会は、結局、「領土的自治の原理にもとづく連邦構想」（一四二頁）を賛成多数で採択した。

ロシア一〇月革命後にこの地域で作られたソビエト権力は、ロシア人などの「ヨーロッパ人」によって作られ、他の諸民族の民族国家建設の動きに反対した。それはソビエト権力の下に民族問題委員部をつくり民族問題に対応すればよいとすることで、実際には、レーニンの民族自決権の考えに修正を加えるものである。なぜなら、レーニンは、民族自決権とは、独立を含めてその民族の問題を自民族内で自由で強制されない民主的な方法で決定する権利でもあると主張しているのに反しているのである。このような実質的な大ロシア排外主義をソビエト権力が顕わにしてくるにしたがって、タタール人などの少数民族の反発が強まっていく。カザンのムスリム軍事評議会が、一九一八年二月に、「外ブラク共和国」創立を宣言したのに対して、ソビエト軍が戦闘で潰すという事件が起きた。それから、ムスリム民族諸機関も消された。その結果、山内氏は、タタール民族運動からブルジョアジーが消えたという。

一九一八年一月にスターリンの民族人民委員部の下に、「中央ムスリム委員部」が作られた。この機関の性格について山内氏は以下のように言っている。

「この委員部は名称が示すように、ロシアとシベリアに散在するチュルク系ムスリム諸民族を一括して「ムスリム」と名付けている点で、民族問題を領土的自治から考察するボリシェビキの正統的な理論とかけ離れていた。ボリシェビキの理論に従えば「ムスリム」という宗教的名辞でなく、むしろ「チュルク＝タタール」・「タタール」・「タタール＝バシキール」、あるいは領土に従ってたんに、「内地ロシア・シベリア」ということになったはずである。この名称にもタタール人の独特な離散エスニック集団としての性格があらわれているのだ。民族名称としての「ムスリム」という用語法は、エスニックな区分を超越するイスラムのウンマ意識と文化的自治論の混淆から導きだされた。しかし、エスニックな区分に従わない中央ムスリム委員部の存在は、それ自体で国際主義的な性格をおびていた」（二一七頁）。

この頃のソ連の民族政策は現実に押されて原則からの逸脱を余儀なくされていたわけである。しかし、カザンのロシア人ボリシェビキたちは、スルタンガリエフらの「タタール共和国」建設などの動きに対して、「民族主義者」として批判する傾向が強く、レーニンらの民族自決権を支持する指示にも反発した。こうした大ロシア排外主義的な動きが、スルタンガリエフの周りにますますムスリム・コミュニストを集めることにつながったと山内氏は指摘する。

ロシア革命が、西欧における革命にその成否の鍵が握られているというのはボリシェビキの基本的考えであったが、ドイツ革命が挫折し、その他の国々でも革命は起きなかった。資本主義は相対的安定期に入って、ただちに革命が起きる情勢ではなくなった。ボリシェビキは、西方の革命が期待できないという情勢に直面して、目を東方に向け始めた。そして、コミンテルン第二回大会で、レーニンが起草した「民族および植民地問題にかんするテーゼ」が採択された。このテーゼとともに採択されたインド代表のロイの「補足テーゼ」をめぐる討論を振り返って、レーニンは以下のように述べている。

「問題の立てかたはつぎのようなものであった。すなわち、解放されつつある後進諸民族にとって、国民経済発展の資本主義的段階は避けられないという主張を、われわれはただしいものとみとめることができるかどうか、と。われわれは、この問いに否定的な答えをあたえた。もし勝利をえた革命的プロレタリアートが、後進諸民族のあいだに系統的な宣伝をおこない、ソビェト諸政府が、その駆使しうるかぎりのあらゆる手段をもって援助にのりだすならば、そのときには、発展の資本主義的段階は後進の諸民族にとっては避けられない、と考えるのはただしくない。すべての植民地および後進諸国において、われわれは、たんに自主的な闘士のカードルや党組織を結成するばかりであってはならず、またたんに農民ソヴェトを組織するための宣伝をただちにおこない、これらのソヴェトを前資本主義的諸条件に順応させることに努力するばかりであってはならない。共産主義インターナショナルは、先進諸国のプロレタリアートの援助によって、後進諸国は資本主義的発展段階をすどおりしてソヴェト制度へ移行し、そして一定の発展段階をへて共産主義へ移行することができるという命題を確立し、それを理論的に基礎づけなければならない」（『帝国主義と民族・植民地問題』　国民文庫　二〇〇〜一頁）。

これはスルタンガリエフの考えと同じであったが、レーニンは対象を旧ロシア帝国の外としているのに、スルタンガリエフがその内側を含めていることに違いがあった。東方での革命に目を向け始めたボリシェビキは、一九一九年一一月に第二回東方諸民族共産主義者組織大会、そして一九二〇年九月にバクーで東方諸民族大会を開く。しかし、そこでも、ロシア人プロレタリアートと東方諸民族の貧農との同盟という「労農民主独裁論」が機械的に適用されるなど、実情を無視した政策が東方諸民族に押し付けられただけであった。それに対して、スルタンガリエフは、東方ムスリムの歴史的社会的特徴、ムスリム共同体の生活規範を持つ「コーラン」の性格に着目して、この共同性を共産主義へと引き上げる永続革命を構想したのであった。

## 終わりに

スルタンガリエフは、一九二三年年四月に開催されたボリシェビキ第一二回党大会に発言権のみを認められる代議士として出席した。大会では民族問題に関する討議と決議が行われた。その後の五月四日、彼は逮捕される。この逮捕は、スターリンが初めて党の枢要な地位を占めている人物を弾圧したものであった。この時、ジノヴィエフと共にトロツキーも逮捕に賛成している。六月九日から、党の第四回民族問題審議会が開かれ、最初にスルタンガリエフ主義についての審議が行われた。この審議会の議事録には閲覧制限がかけられ、利用不可能にされた（『トロツキー研究』No.66　二〇六頁）。スルタンガリエフは七月一九日に釈放され、一九二八年一二月に再逮捕、一九三四年に釈放され、一九三七年三月にまた逮捕され、一九四〇年一月二八日に処刑された。

山内氏は、スルタンガリエフは、「コミュニズムが掲げる理想に到達するには、地域の特性に応じた複数の道があると主張した。彼は、理想社会のあり方の単一性と共に、それに至る道すじの複数性を強調した」（前掲書　四二九頁）と述べている。こうした「複合革命」の視座は、マルクスが『ヴェイ・ザスーリッチへの手紙』で示したロシアの農村共同体のミール共同体が資本主義を通らないで共産主義へと至る道を示したこと、そこで、『資本論』の示した資本主義への道を西ヨーロッパに限定したことにすでに示唆されていた（『マルクス・エンゲルス全集』第一九巻　大月書店　二三八〜九頁）。それについては、一九一七年ロシア革命が持つ「複合革命」性に着目する和田春樹氏やケヴィン・アンダーソンなどの論考も参考になる。このことは、今日においても、ブルジョア革命を経ていないムスリム世界の広汎な人民の現状と未来を展望する上で重要な示唆を与えるだろう。そして、なによりも、ロシア革命から一〇〇年がたつ今日、世界資本主義が後退し始めている中で早急に求められているオルタナティブの構想へのヒントを与えるだろう。今日の世界革命は、これまで資本主義によってもソ連型「社会主義」によっても解決できなかったこれらの諸問題を解決することを任務としなければならないからである。

# 二つのブレスト＝リトフスク講和

柏木　信泰

## はじめに

まず、この本を制作した「社会主義理論研究会（池袋）」の紹介をすると、二〇〇四年に「二一世紀の社会主義理論を共同で構築しよう」との壮大な目標を掲げて学習サークルとして結成されました（一応代表は私＝柏木）。なお、当会は「社会主義＝マルクス（レーニン）主義」という立場はとらずに「社会主義を志向する者であれば誰でもウエルカムである」という姿勢で今日まで活動を続けて来ました（当然マルクス主義者も当会のメンバーとして在籍しております）。活動内容としては、ほぼ隔月の学習会および会誌『現代反資本主義理論の批判的検討』の発行（三号既刊）を行ってきました（ここで云う「現代反資本主義理論」とはいわゆるポストモダン思想のことなのですが、よく考えてみるとそもそもポストモダン思想って全然〝反資本主義〟じゃないよね）。

今年の春先、当会メンバーの堀内哲氏が「ロシア革命百年」を〝きっかけ〟に〈ロシア革命〉をテーマに各人が論稿を執筆し、それをまとめたものを書籍として発行、販売するべきではないかと提案し、皆がこれを了承して本書の制作・出版プロジェクトはスタートしました。

私も改めてロシア革命について勉強し、今まで知らなかったこと、見落としていたことに、気付くこととなりました。特に、①十月革命後の本格的な内戦の始まりは一九一七年一二月二五日のボルシェビキ軍によるウクライナ（ラーダ政権）に対する武力攻撃であった②ブレスト＝リトフスク講和は実は二つあった――ウクライナ人民共和国（ラーダ政権）と中央同盟国（ドイツ帝国、オーストリア＝ハンガリー帝国、トルコ帝国、ブルガリア王国）の間で締結されたもの（一九一八年二月九日）と、革命ロシア（ボルシェビキ政権）と中央同盟国との間で締結されたもの（一九一八年三月三日）――こと、そしてこの二つの事象は完全に一連のものであること、は私にとって非常に大きな発見でした（以下、区別が必要なときは、ウクライナ人民共和国と中央同盟国との講和をブレスト＝リトフスク講和A、ボルシェビキ政権と中央同盟国との講和をブレスト＝リトフスク講和Bと呼称します）。

まず、十月革命後の内戦・内乱ですが、これまではコサック軍とロシア帝国軍の将軍たちによるドン川流域での反乱（一九一七年一一月〜）とシベリア共和国の「建国」（一九一八年一月）を例外として、一九一八年三月の〝屈辱的〟なブレスト＝リトフスク講和以後にロシア各地で勃発したとされてきたわけですが、何の事はない最大級の内戦（ウクライナ人民共和国を独立主権国家とみなすならば外戦）が一九一七年の一二月二五日に勃発していたわけです。

ちなみに連合国（英、仏、米、日）による干渉戦争は当然ブレスト＝リトフスク講和B以後となります。これは英、仏、米、日の「これは不当な干渉ではなく単独講和締結という裏切り行為に対する正当な懲罰行動である」という名目（もちろんこれは名目であって本音は革命潰しなわけですが）からしてそうなるわけです（一九一八年三月九日の英仏軍によるムルマンスク上陸が干渉戦争の始まりとなります）。

そもそも私がこの二つの重大事実を発見できたのは、「レーニンともあろう者が何故こんな愚かな（単独）講和を独墺と結んだのか」という疑問から色々と調べたからなのです。当時のロシアは言うまでもなく連合国側の国であり、英仏米日も（本音ではボルシェビキ政権を潰したいのですが）「共に独墺と戦争している仲間」であるロシアを攻撃するわけにはいかなかったのです。そういう意味では革命ロシアはフランス大革命当時のフランス共和国よりも国際関係的には遥かに恵まれた情況にあったわけです。そしてボルシェビキ政権はこの〝恵まれた情況〟をフルに利用することで、十月革命後のロシアを独墺との停戦（講和ではなく）を実現した上で――これは十月革命後すぐにほぼ実現しています――労働者と農民が主人公の社会主義的な共和国として経済システムを戦時経済から人民の生活のための経済へと転換し、平和的に平等で民主的な社会へと導くことができたはずなのです。にも関わらずレーニンは敢えて（独墺の要求を丸呑みした）単独講和を結び、ロシア国内の愛国的な人々の反乱と英仏米日による干渉戦争を呼び込んでしまったわけです。その結果「平和的に平等で民主的な国家・社会を建設する道」は絶たれてしまい、「戦時共産主義体制」へと突き進むこととなったのであります。まさにこのブレスト＝リトフスク講和Bは革命ロシアにとって〝痛恨のミス〟だったのであります（実は本当の痛恨のミスは一九一七年一二月のウクライナ人民共和国に対する武力攻撃の方なのですが、それについては後述）。ちなみに当時の日本外務省はこのブレスト＝リトフスク講和B締結の報を聞いて「レーニンはドイツのスパイである」と本気で確信したそうです。実はこれは当時の日本外務省がウクライナを巡る情勢をちゃんと把握していなかった（当時も今も日本の外務省は只の無能集団）ことによる評価ミスなのですが、そして「レーニン＝ドイツのスパイ」説は現在では完全に否定されているのですが、そのくらい（一九一八年初頭のウクライナ情勢をきちんと把握していない人間にとっては）「訳が分からない」ことだったのです。

では、何故レーニン（もちろんドイツのスパイではありません）とボルシェビキは中央同盟国と単独講和――しかも独墺側に一方的に有利な――を結ぶことにしたのでしょうか？　実はそうせざるをえなかったからなのであります。

## 一、ウクライナ「独立」と二つのブレスト＝リトフスク講和

十八世紀末の独・墺・露によるポーランドの分割およびトルコの黒海北岸からの撤退によって、それ以後第一次世界大戦までの約百二十年間、ウクライナの土地の約八割がロシア帝国領、二割がオーストリア領となりました。従って第一次大戦では同じウクライナ人が敵味方に分かれて戦うこととなりました（ロシア軍には三五〇万人、オーストリア軍には二五万人のウクライナ人が兵士として動員された）。オーストリア領ウクライナ（戦争中なのでロシアが占領したりオーストリアが奪還したりするのですが）におけるウクライナ独立運動は本稿では割愛してロシア領ウクライナでの独立運動を見ていきたいと思います。

### ウクライナ中央ラーダ

キエフに二月革命の報が伝わると、三月ただちにウクライナの諸政党や社会・文化・職業団体の代

表が集まり、「ウクライナ中央ラーダ」が結成された（ラーダは会議・評議会を意味するウクライナ語）。中央ラーダは、それぞれの組織の政治信条を一時棚上げして「ロシア連邦の枠内でのウクライナの自治」という共通の目標を達成するための諸組織間の調整機関として作られた。そしてこの中央ラーダの議長にはウクライナ史の権威で民族主義運動の象徴的存在だったミハイロ・フルシェフスキーが選出された。中央ラーダの主要勢力は、ヴォロディーミル・ヴィンニチェンコやシモン・ペトリューラが指導する「ウクライナ社会民主労働党」とフルシェフスキーらが指導する「ウクライナ社会革命党」であり、いずれも社会主義政党であった。またこれと並行してハルキフはじめロシア化した都市にはボルシェビキ主導の労働者・兵士ソヴィエトが作られた（※）。労働者・兵士ソヴィエトにはロシア人・ユダヤ人が多く、彼らはウクライナ・ナショナリズムを革命の裏切りであると非難した。

中央ラーダ結成の後、全国の諸団体の代表を集めた「全ウクライナ人民大会」や、労働者、兵士、農民の職能大会が次々と開かれたが、これらはいずれも中央ラーダを支持し、同ラーダに代表を送り込んだ。こうして中央ラーダはその権威を高め、ウクライナの議会としての機能を果たすようになっていった。中央ラーダはペトログラードにヴィンニチェンコらの代表団を送って自治を要求したが、臨時政府はこれを拒否した。臨時政府はウクライナに自治を与えると戦争の継続ができなくなると恐れたといわれている。しかしこの拒否に反発した中央ラーダは六月、「第一次ウニヴェルサル（宣言）」を発し、ウクライナは連邦ロシア内の自治の地であることを宣言した。

同月に中央ラーダは内閣にあたる執行機関として「総書記局」を作り、その長には作家のヴィンニチェンコが就任した。また軍事はペトリューラが担当することとなった。

ペトログラードの臨時政府は、ウクライナでナショナリズムの熱気が盛り上がっていることと中央ラーダがウクライナの主たる政治勢力になっていることに気づいた。折しもロシアではコロニーロフ将軍による反革命の気運が盛り上がり、臨時政府は脆弱な立場にあった。臨時政府はウクライナが独立することを恐れ、七月ケレンスキー陸海相らの代表団をキエフに送った。交渉の結果、臨時政府は中央ラーダを承認し、その支配地域をキエフ、チェルニヒフ、ポルタヴァ、ヴォルイニ、ポディリィアの五県に限って認めるが、臨時政府の支配下にとどまり、これ以上の自治は要求しないことで合意が成立した。この結果は第二次ウニヴェルサルに盛り込まれた。この合意は臨時政府の力が弱まっていたことと中央ラーダの権威が高まっていたことの結果として成立したものであるが、これによりはじめてウクライナの自治が認められ、中央ラーダとその総書記局はウクライナの政府として認められた。

［以上　黒川祐次著『物語　ウクライナの歴史』（中公新書）一七二頁〜一七四頁より引用。一部省略。なお「全ウクライナ国民大会」を「全ウクライナ人民大会」と改めた。またケレンスキーたち臨時政府代表団は「中央ラーダにウクライナ民族以外の諸民族も参加させる」ことを要求し中央ラーダもそれを了承した。］

※（柏木の注）　ウクライナの都市部ではウクライナ人よりもロシア人とユダヤ人の合計数が上回っているケースが多く、また彼らはウクライナ人に統治されるのはまっぴらゴメンであると考えていたので、ボルシェビキを支持する者が多かった。

ウクライナ人民共和国vsボルシェビキ

十月革命によって臨時政府が倒され、ボルシェビキが革命ロシアの権力を掌握した。ウクライナ中央ラーダはボルシェビキの暴力による権力奪取を非難したが、これはウクライナ側の唯一の瑕疵であったと私は考える。ここはしばらく静観しロシアの情勢に対するコメントは差し控えるべきであったろう。結果的に「ウクライナ労働者・兵士ソヴィエト」を巡って険悪になっていたボルシェビキとの関係が更に悪化することとなった。

一一月二〇日、臨時政府の消滅に伴い中央ラーダは第三次ウニヴェルサルを発表し「ウクライナ人民共和国」の創設を宣言した（「ロシアとの連邦の絆」は維持）。これに対し、ボルシェビキは当初ソヴィエト勢力を中央ラーダ内に入り込ませて内部から乗っ取ろうとしたが失敗し、武力によって制圧することを決意した。そのためにまずハルキフに「ウクライナ・ソヴィエト共和国」を樹立してボルシェビキ軍の受け皿とした。

ロシア（ボルシェビキ政権）は一二月一五日に独・墺と休戦協定を調印し（※）後顧の憂いをなくすと、一二月一七日にウクライナ人民共和国（中央ラーダ）に対し「ウクライナでボルシェビキ軍の自由行動を認めるならばウクライナ人民共和国を承認する」という無茶苦茶な内容の最後通牒をレーニンとトロツキーの署名で送りつけ、中央ラーダがこれを当然にも拒否すると、一二月二五日、ウクライナへの軍事侵攻を開始した。

※要するにボルシェビキ政権はウクライナへ侵攻するために独・墺と休戦したわけである（戦争で疲弊したロシア人民に休息を与えるため、では断じて無い）。

物量にまさるボルシェビキ軍は破竹の勢いで進撃し、一九一八年一月キエフをめぐって中央ラーダ軍とボルシェビキ軍による、一日に勝者が何度も入れ替わるほどの熾烈な攻防戦が行われた。中央ラーダ政府は第四次ウニヴェルサルを発し、ウクライナの完全な独立を宣言した。しかし中央ラーダ軍は抗しきれず、中央ラーダ政府は二月にキエフを放棄して一三〇キロメートル西方のジトーミルへ逃れた。もはや中央ラーダ政府にとってボルシェビキ軍に対抗する唯一の手段は独・墺軍の支援を得ることであった。

ボルシェビキ政権は戦争を終結すべくブレスト＝リトフスクにおいて中央同盟国と交渉していたが、中央ラーダ政府はボルシェビキがウクライナを代表することは許せないとして自らの代表団をブレスト＝リトフスクに送った。そして独自に独・墺と交渉した結果一九一八年二月九日講和条約に調印した（トルコ、ブルガリア王国も参加）。中央ラーダ政府は百万トンの穀物を独・墺に提供する代わりに軍事支援を得られることとなった。当時、独とりわけ墺は極端な食糧不足に悩んでおり、まさに「良い取引」であった。こうして同じスラブ民族であり、社会主義者が政権を掌握しているウクライナの余剰穀物一〇〇万トンは、食糧不足にあえぐ革命ロシアの都市にではなく、独・墺へと運ばれたのであった。もちろんこれはウクライナへの軍事侵攻を命じたレーニンのせいである。

二月一八日東部戦線での戦闘が再開し独軍は瞬く間にエストニアまで占領した（二月二五日）。ウクライナでは、二月二四日にウクライナ・独連合軍による、二七日にはウクライナ・墺連合軍による解放戦争が開始され、怒涛の快進撃でウクライナ各地をボルシェビキの支配から解放し、三月一日にはキエフを奪還した。また独艦隊はペトログラードを砲撃すべくフィンランド湾を西へ向かった。

慌てふためいたレーニン以下ボルシェビキの面々は、それまで講和を巡って論争をしていたのであるが、レーニンの主張する「独墺に全面譲歩した上での単独講和」で一応まとまり（ブハーリンは最後まで反対）、三月三日、まさに〝屈辱的〟な講和条約を中央同盟国と締結した（ロシア側全権はソコリニコフ）。この条約に基づきロシアはクールラントとリトアニアの全部、白ロシアの一部、カルス、アルダハン、バトゥーミについての権利を放棄した。ウクライナについては〝戦勝国〟である中央同盟国が、二月九日に中央ラーダ政府をウクライナにおける正統政府と認める講和条約を既に結んでいたので、〝敗戦国〟ロシアもそれを認めざるをえず、事実上ここも放棄することとなった。

この条約に憤激したロシアの愛国者達が各地で反乱を起こし、また英仏米日が堂々とロシアに軍事侵攻を始めたことは既に述べたが、最も致命的だったのはエスエル左派のボルシェビキ政権からの離反であった（三月一五日の第四回全ロシア・ソヴィエト大会において講和条約の批准に反対し政権から離脱）。これによってボルシェビキ政権は、穀物の供出義務を農民に対して非暴力的に説得し納得させる回路を失ってしまったからである。こうして革命ロシアは「戦時共産主義体制」へと一気呵成に突進していくのであった。当然これもウクライナへの軍事侵攻を命じたレーニンのせいである。

なお、独が、ボルシェビキ政権を崩壊させるまであと一歩だったにも関わらず講和に応じたのは簡単な話で、ボルシェビキ政権を崩壊させても大戦に勝利したことにはならないからである。パリを陥落させ、仏を降伏させる（あるいは独の勝利を実質的に認める講和を呑ませる）ことがこの大戦に勝つ必須条件であり、そのためにはロシアと講和を結んで、東部戦線の軍団を西部戦線に移動させ、パリ攻略の大攻勢に打って出る必要があったのである（実際これは〈春季攻勢〉として実行された）。

## 二、ボルシェビキの民族政策

第一章を書いていて私が疑問に思ったことが二つあります。一つは何故レーニンはあれほど単独講和に固執したのか？しかしこれは私には全くの謎すぎて、どこから手を付けて良いかもわからないので、放っておきます。

もう一つは、レーニンはローザ・ルクセンブルクの「民族主義および愛国主義の全否定」に対して「被抑圧民族の民族主義、民族自決権の要求」を認めたはずなのに、何故ウクライナ（中央ラーダ）の民族自決（自治）――中央ラーダがウクライナの完全な独立を宣言したのはボルシェビキ軍のウクライナ侵攻後の一九一八年一月の第四次ウニヴェルサルにおいてである――の要求を拒んだのか、という点です。

一九〇三年のロシア社会民主労働党第二回大会で採択された党綱領は、レーニンの主張によって、あらゆる民族の自決権を認める一項を明記しました。また一九一四年にはローザ・ルクセンブルクに対する批判として『民族自決権について』を著しました。

しかし、この「民族自決権」は、レーニン自身が言っているように「離婚の権利を認めるのがあらゆる離婚を正当化するのではないように、分離の権利の承認はすなわちあらゆる場合も分離を擁護することではない」「民族問題はどんな場合にも特定の情勢に照らしてとりあげ、また解決しなければならない」「プロレタリアートにとっては民族的要求は階級闘争の利益に従属する」という具合に無条件に承認されるものではなかったのです。では誰が「分離・独立」の要求を実際に承認するのかというと、もちろんそれはレーニンということになります。

またレーニンは『民族自決権について』でこうも言っています。「いつでも自民族のための特殊の利益を求めるブルジョワ民族主義者と違って、プロレタリートは例外なくあらゆる民族的特権に反対し、一切の民族的排他性、敵意、抑圧と闘わなければならない」と。

この命題から、(ウクライナのような都市部の住民の多くがロシア人やユダヤ人のようなところでは)ウクライナ人を〝どん百姓〟として見下しているユダヤ人・ロシア人こそが「ウクライナ民族主義によって抑圧されている少数民族である」、あるいは「ブルジョワ的なウクライナ民族主義と闘っている正しいプロレタリアートである」、という命題を導き出すことも容易でありましょう。

こうして「民族自決権」を党の綱領に持つボルシェビキ(一九一八年三月以後はロシア共産党)によって、ウクライナ人民共和国はロシア連邦内での自治権の要求すら認められずに武力攻撃を受けるに至ったのであります。

また、左右を問わず多くの方が指摘するのが、ロシアにとってのウクライナの重要性とそれに基づく(ボルシェビキ政権の)リアルポリティクス的な判断であります。例えば第一章で引用した黒川氏は同書一八〇頁でこう述べています。

ボルシェビキ政府は、ウクライナは当然ロシアの枠内に入るべきものとし、したがって中央ラーダのナショナリズムを反革命のブルジョワ・分離主義者とみなした。穀物・砂糖・石炭・金属などの産業ではウクライナはロシアにとって不可欠な存在であり、ウクライナをロシアから分離することなどは、ロシア人であれば王政派であろうと共産主義者であろうと考えられないことであった。

しかし、このリアルポリティクスはロシア帝国――この章では〈帝国〉を〈帝国主義〉の意味ではなく「多くの民族を支配する広大な国家」という意味で使用します――の立場からするリアルポリティクスであって、別の立場からするリアルポリティクスだってありうるのです。例えば、（そもそも中央ラーダは、ボルシェビキによる武力攻撃を被るまではロシア連邦にとどまると宣言していたのですが）ウクライナが独立したとしてもそれはそれでよい。それぞれが社会主義的な共和国として平等で豊かな経済の建設に励もうではないか。そして互いに足りないものは貿易によって補いあえば良い。そもそもウクライナにとってもロシアは不可欠な存在であって、産業的な面ではウクライナがロシアに原材料を輸出し、ロシアは生産に高度な技術を要する最終製品をウクライナに輸出するという理想的な補完関係にあるわけで、お互いに独立しても普通に友好的な関係を維持できればそれでよいのである。

というものです。

では、何故あんなに頭のいいレーニンが、私でも思いつくリアルポリティクスに思い至らなかったのでしょうか。

それは、このリアルポリティクスが「一国社会主義的」なものだからです。要するにレーニンも――ローザ・ルクセンブルクには（民族主義を擁護する）右派だの右翼だの言われておりますが――やっぱり正しい国際共産主義者だったのです。そして無政府主義と国際共産主義と帝国は、民族主義を認めないという点で同じであり、従ってこの後二者――無政府主義にはリアルポリティクスどころかそもそもポリティクスが無いので無視――が考えるリアルポリティクスも非常に似通ってくるのであります。

そして滑稽なことに、そこまでして拘った「ロシアのウクライナ」は独・墺と結び、百万トンの穀物はそちらへ運ばれていってしまったのです。その後ウクライナ内戦はボルシェビキ／反ボルシェビキ共に莫大な死者を出してボルシェビキ側の勝利となりましたが、革命ロシア自体がブルジョワ民主主義的な権利が全く保証されない「戦時共産主義体制」へと変貌してしまったのであります。

結局マルクス主義（国際共産主義）の高邁な理想と理念、そして国際共産主義者の神学的なテーゼの数々――いかようにも解釈・利用・適用可能な――は、碌でもない結果に帰着することがほとんどであり、もうこういう間違った頭の使い方、悪い習慣はやめるべきです。

これからの左翼（社会主義的な共和主義者）は、神学者の言葉・文学者の言葉ではなく、法律家の言葉・科学者の言葉で語るべきであると私は考えます。

# ロシア革命の意義を問い直す

金《こん》　靖郎《やすお》

歴史家のE・H・カーは「ロシア革命の考察」の中でロシア革命が世界史に変化をもたらした側面に着目し、革命の意義を述べようとした。経済の自由放任主義から国家の経済管理への移行、自然発生性から計画化への移行、無意識性から目的意識性への変化などを列挙し述べている。ロシア革命後のソビエト連邦のあり方が世界的な国家モデル、政治経済のモデルに変化をもたらしたということだ。

私は世界的な階級闘争の歴史の中でロシア革命がいかなる意味を持ったかという点に着目したいと考える。それは正と負の両面から見なければならないだろうと考える。以下、いくつかの視点から革命がもたらしたものを分析したいと思う。

## 一、階級的妥協として社会福祉

―社会主義国家と資本主義国家との体制間競争がもたらしたもの

ソビエト連邦の社会政策の中で代表的なものとして医療教育の無償化があげられる。後にキューバ革命は同様に医療教育の無償化を実現するが、他にも社会主義国家建設にあたっては同様な事例が踏襲されていく。こうした社会政策は質的な面で不十分だったとの指摘もあるようだが、客観的には世界史にとって大きなインパクトを持つものだった。

ロシア革命後に社会主義国家が増えるにしたがい、資本主義国家とどちらが体制として優れているかを巡って、体制間の競合関係が生まれていった。資本主義国家でも議会を通じ少しずつ社会変革をしようと考えた社会民主主義政党が政治的に影響力を増して行った。イギリスでは労働党が一九四五年に政権につき、医療無償化などを実現した。ヨーロッパ各国においても社会民主主義政党が政権の座について社会福祉制度をつくっていった。

しかしこれは資本主義国家の側が善意で社会福祉制度を充実させたというものではない。生存権を求める労働者階級の階級闘争が背景にあった。教育や医療の無償化は経済格差の縮小を求める闘いの中で生まれた。イギリスの映画監督ケン・ローチは新作の「一九四五年の精神」というドキュメンタリー映画の中で戦後労働党政権誕生から医療の無償制度が創出されていった歴史を振り返っている。その背景には階級闘争があった。

社会主義国家と資本主義国家との間で緊張関係があるという状況、それ自体は世界的に階級的な力関係に影響をあたえ、資本主義国家では資本家と労働者との階級的な妥協として福祉国家が形成されていったと言えるだろう。

しかしこうした状況はいわゆる新自由主義の潮流が西洋諸国を席巻していく中で変化する。ベルリンの壁の崩壊に続く、旧東側諸国における社会主義政権の崩壊によって、資本主義の一人勝ちという状況の中、社会福祉制度の解体に向けた流れが加速していくことになる。

しかし社会福祉制度は一方的に解体されるのを待っているという状況ではないし世界中で労働者の闘争があり、各地域での階級的な力関係によって社会福祉制度の解体状況には差がある。新自由主義は資本主義国家の先祖帰りという側面があるが、完全な先祖帰りに成功しているとは言えない。ロシア革命のインパクトは、現代史に影響を及ぼし続けていると言える。

## 二、ソビエトから生まれ、ソビエトを解体したロシア革命

ロシア革命では生産の自主管理を目指す機関、労働者自身の自治機関としてのソビエト（評議会）が大きな役割を果たした。それは階級闘争の歴史にとって大きな意味を持つ。後述するようにソビエトのように人民自身が生み出した自治機関が歴史を動かすという事例は何度も繰り返されてきた。特にソビエトの場合は実際に二月革命で帝政ロシアという国家権力を打破するのに成功した点は重大な意味を持つ。二月革命後、臨時政府とソビエトという二重権力状況がつくられていった。その過程でソビエトを基盤として労働者自身が工場を自主的に管理する活動が広がっていった。

レーニンが率いるボルシェビキ（後のロシア共産党）は全ての権力をソビエトへというスローガンを旗印として臨時政府を打倒した。これが革命の第2段階としての十月革命だ。しかしいったん政権を握ると、次第に自主的に労働者が自治管理する機関としてソビエトが活動するのを制限するようになっていった。

工場をソビエトが自主管理するのではなくて、ボルシェビキが任命する工場長が管理する体制へと移行していった。工場運営にブルジョア専門家等を利用し、労働集団に直接の基盤を有しない管理部の形成など任命制へと移行していった。管理運営するのに慣れている、実績があるということでかつての帝政ロシア時代に工場を運営した経験のあるものの能力を利用しようという方向に向かった。

国家による経済管理という体制構築と相まって革命の性格が変化していった。ボルシェビキは国家権力を奪取するにあたり、下からの自生的な動きであるソビエトの活動を利用したが、権力を握った後はソビエトより党の権力を優位にあるものにしようとしたのだろう。

革命後、ロシア国内では革命を否定し旧体制への復帰をめざす反革命派とボルシェビキ政権との間で内戦状態となった。いわば戦時体制を乗り切るためには任命制やある特定の管理者が責任をもって運営するという単独責任制の導入を行うのだというのがレーニンの主張だった。いわば非常事態に備えるものだったはずだ。

しかし内戦がボルシェビキ政権の勝利に向かい、平時に移行しようという時代になっても戦時体制だった単独責任制が撤廃されることがなかった。

ボルシェビキは革命を生み出した母体であるはずのソビエトを実質的に解体して国家が経済を管理する体制を構築していったが、こうした動きについて革命の変質だと多くの人民が反発した。ボルシェビキ自体の中にも労働組合を基盤とした労働者反対派という分派を形成し単独責任制に反対する動きがあった。

ボルシェビキの外にも抵抗の動きが広がった。一九二一年にペトログラードに近いクロンシュタットの兵士たちがボルシェビキに対して反乱を起こしたことはそうした抵抗の動きの代表例である。クロンシュタットではソビエトがつくられ、都市の自治的運営をしていた。元々十月革命以前にクロンシュタットソビエトは全ての権力をソビエトへというスローガンのもとに臨時政府のケレンスキー政権に対して抵抗する活動を行っていた。本来ロシア革命の母体となったクロンシュタットソビエトが、革命後に誕生したボルシェビキ政権と対決するという構図はあまりに皮肉な構図であった。

クロンシュタットにあるバルチック艦隊第一、第二艦隊により人民大会という会合が招集された。人民大会では以下のような一五項目の決議がなされた。①秘密選挙に基づくソビエトの再選挙の実施②労働者・農民・アナキスト・左翼社会主義諸政党に対する言論出版の自由の保障③労働者・農民による集会の自由④あらゆる政党と無関係にペトログラード市・クロンシュタット市・ペトログラード地方の労働者・赤軍兵士・水兵の協議会を開催⑤労働運動農民運動のために投獄された全ての人々の解放⑥牢獄収容所での人々の状況を調査する委員会の選出⑦政党がその思想を宣伝する特権を持つことのないよう政治局の廃止⑧全ての関門の廃止⑨健康に危害を与える職業以外の労働者の同一賃金⑩陸軍全部隊の共産党選抜突撃隊と工場の共産党衛兵隊の廃止⑪人を雇わず自分で労働する農民にその土地での自由など保障する事⑫旅行統制委員会の設立⑬雇用労働を使用しない条件で手工業の自由を認める事⑭軍隊の全ての部隊と幹部候補生に我々の決議に参加する事をよびかける⑮この決議が印刷され、広く公表される事を求める。

このような決議が出されるということはソビエトから生まれたはずのロシア革命がソビエトから糾弾されるような体制へと転落しつつあった事を示している。この反乱はトロツキーにより鎮圧され、その直後に開催されたロシア共産党大会では分派の禁止が決議され、異論を許さないような中央集権国家へと舵を切っていく。そうした動きはレーニンが主導したものだった。その後、官僚制を基盤にスターリンが独裁者となり中央集権的な計画経済を推進していった。

これまで、スターリンのつくった体制は共産主義者の中でも批判されてきた。スターリン批判から新左翼という潮流が形成されていった。しかし克服すべき対象をスターリン主義に限定すれば十分なのだろうか？すでにスターリン主義はレーニンが健在の時代にもその基盤は作られつつあったと考えざるを得ない。一番の皮肉なのはソビエトが起こした反乱を鎮圧したトロッキーがスターリンにより暗殺されたことだ。

歴史の上で似た事例がある。フランス革命では都市に住む独立自営の手工業者などいわゆるサンキュロットと呼ばれる民衆が共和制設立の原動力となった。革命が進行し、共和制が実現した時、革命の指導者の一人であったロベスピエールが権力を握った。ロベスピエールはやがてサンキュロットを弾圧するようになり、最後にはクーデターにより打倒され、処刑された。革命を生み出した原動力を粉砕した後には反革命が待っていたという皮肉だ。

私はマルクス主義者だが、革命が成功した後のレーニンの歩みを見る時、疑問を感じざるを得ない。自ら革命の命ともいうべきソビエトを実質的に解体していった過程を見る時、支持することは出来ない。マルクス主義はロシア革命がソビエトなきソビエト体制となったことを総括すべきだと思う。プロレタリア独裁という言葉は党独裁の隠れ蓑だったのではないか？

私は社会変革には時間がかかるものであるし、急速な国家の解体がありうるとの楽観主義的立場に立たないので、アナキストとは言えない。しかし過去の集権的な社会主義国家の形成という道のりについて批判的検討がされるべきと考える。

ロシア革命後、ソビエトが実質的に解体されたものの、歴史的経験として人民みずからが自治的機関としてソビエトを形成していったような人民の自治管理をめざす動きが世界中で繰り返されてきた。

ポーランドでの自主労組の連帯、ユーゴスラビアの自主管理社会主義、アフリカのアルジェリア革命後の自主管理の模索、韓国の光州市での人民蜂起後の短時間での自治管理、資本主義の総本山とも言うべきアメリカのオキュパイウォールストリート運動。

ロシア革命を生み出したソビエトの運動は階級闘争の歴史において先駆的な意味を持ったと言える。

## 三、ロシア革命は共産主義運動にとっていかなる意味を持つのか？

ロシア革命は資本主義を乗り越えようとする運動であった。そもそも、資本主義の基本矛盾はどんなものかをまとめると以下の二つが指摘できる。

①経営権を経営者が独占し生産手段を私有する。

②その結果、富が経営者や投資家たちに集中し、労働者には貧困をもたらす。

ロシア革命はそうした資本主義の基本矛盾について部分的に解決を目指した動きだと私は考える。①の生産手段は国家に所有権が移動したが、国家を支配するのは党官僚たちで、労働者は従属的な地位にあった。それはソビエト解体が要因である。その一方で、②についてはソビエト連邦が医療教育などの無料化で福祉国家となったことで、部分的には解決しようとした。

ロシア革命を全否定するか全肯定するかという選択肢は不毛であるし、複数の方向から分析すべきと考える。

スターリンが確立した計画経済国家というモデルについて西ヨーロッパやアメリカと比べ、まだ工業化していなかったロシアを急速に工業化し、生産力発展させることで、経済的軍事的に資本主義国家と拮抗し、生き延びるための選択であったという考え方もある。

ロシアの工業が急速に実現された経過を見る時、スターリンのような中央集権国家が効率がよかったのではないか?との考え方もある。E・H・カーは急速な工業化をロシア革命の成果としている。それは一面では労働者自主管理を選択しないことで実現したのかもしれない。

マルクスは生産力の発展が社会主義・共産主義への道を開くという生産力中心主義の考え方を持っていた。それは生産性向上が社会を豊かにするという資本の論理と共通するものだったように思える。意図せずして資本の論理を内面化した中でソビエト連邦を中心として社会主義国家陣営は資本主義国家と同時並行的に科学技術の発展と工業化を推進した。

しかし工業化を推進した結果、ソビエト連邦ではチェルノブイリ原発事故が起こった。さらに資本主義国家の「日本」では史上最悪の福島原発事故が起こった。双方で矛盾を露呈させた。世界的に環境破壊は深刻化し加速しつつある。しかもグローバルな資本主義体制は経済成長の余地を失い、新自由主義の名のもとで社会福祉制度の解体を推し進めつつあるように思える。非正規労働者の拡大と同時進行した格差拡大が危機をもたらしている。資本主義は利潤追求を優先し、貧困と格差を拡大し、階級的対立という矛盾を生み出す。それと同時に自然からの収奪、環境破壊を招くという点でも深刻な矛盾を孕んでいる。階級矛盾と自然収奪の矛盾の両面から資本主義を捉え返すという視点が必要とされている。

現在人類が直面している危機の解決を目指そうとするならば、ロシア革命を葬送してしまうのではなく、その限界点を見極めつつ、歴史の教訓として向き合うべきだと考える。資本主義国家の中でも環境破壊と貧困拡大など資本主義の矛盾が最悪の形で立ち現れている「日本」でロシア革命は歴史的な失敗として抹殺されつつあるように思われる。私はロシア革命を葬送するのでなく批判的に学んで行きたいと考える。社会を変えようと思う時、ロシア革命は今も尚、開かれた問いであり続けているのではないか？

**参考文献**

杉本龍紀著「労働者」から「生産者」へ：ロシア革命における「生産者」の萌芽と否定　経済学研究40―4　北海道大学　一九九一年三月
E・H・カー著　南塚信吾訳「ロシア革命の考察」　みすず書房　二〇一三年三月
ヴォーリン著　野田茂徳・野田千香子訳「知られざる革命」現代思潮社　一九六六年九月

# ロシア革命とマルクスの「共産主義」

白井　順

## 〔一〕ひとつの力―白井聡の「レーニンの一元論」から考えたこと

### ●「敵役」（かたきやく）も含めた「力」の一元論

まず、レーニン（角田安正・訳）『国家と革命』講談社学術文庫版への白井聡「解説」から引用。

革命の理論家は、多くの場合、「革命の力」と「反革命の力」、あるいは「プロレタリアートの力」と「ブルジョアジーの力」といったかたちで二つの〈力〉の存在を想定してしまう。ところが、本書におけるレーニンは、ただ一つの〈力〉のみを想定している。それが、筆者が「一元論」と呼ぶ所以である。そしてこのことが、本書に異常なまでのリアリティを与えているのである」（二七一頁）。

白井聡がそこでレーニンの具体性に即して展開していた「レーニンの『一元論』とアナーキズムの『二元論』」のはなしを、もう少し普遍化してみることはできないだろうか？　登場人物としての「敵役」（かたきやく）も含めた、「力」の一元論というはなしだ。さらに抜粋。

この筋書きにおいては、ただ一つの〈力〉しか本質的に登場していない。ただ一つの〈力〉がそれ自身生成変化することによって社会の存在様態をも変化させるのであるが、こうした筋書きが理論的に首尾一貫したものたり得たのは、「特殊な力」のそもそもの内実が国民（被抑圧者大衆）から徴募され編制された実力組織（警察・兵士）であったからである。特に、当時にあっては、帝国主義戦争を戦うために大規模に動員された兵士たちが現にレーニンの眼前にいた。彼らは、兵士である限り「特殊な力」であるが、それと同時に「武装した労働者」にほかならない。「特殊な力」が「武装した労働者」へと移行することによって、「普遍的な力」の生成が可能になる。レーニンは、一元論的な〈力〉の理論の現実的担保を右の事情に見出そうとしていた、と言えるだろう。

以上のように、本書において、〈力〉の生成変化とその消滅の理論は完結したものとして提示される。こうした「〈力〉の思想」の現実性を最終的に確証するのは、『国家と革命』の最終章「一九〇五年と一九一七年のロシア革命の経験」と題された章をレーニンが執筆できなかった、という事実である。もはやこれ以上〈力〉について語るべきことがなくなった瞬間に、テクストは中絶される（二七一―二七四頁）。

白井聡の文脈でレーニンと対比させて扱われた「無政府主義の二元論」（＝白井聡のいう「革命の力」と「反革命の力」とのはなしでの「二元論」）とは、世界との媒介を欠いた「もうひとつの力」を認めてしまうということで、そのため同市民的社会像と同様、貨幣抜きの・媒介抜きの（白井聡と別の用法での）「一元論」になってしまうということだ。じぶんたちが「外部」に確固として・完璧に存在しているとみなす立場。「目覚めたボクタチ」は、「反革命の力」や、おろかにもだまされている「キミタチ」＝大衆の「外部」に・別の完結した「力」として存在しているのだとするのが（白井聡の用法での）「二元論」。

これらを、直接のレーニンの文脈からはなれ、より普遍化させて考えてみるなら、これは実は、（白井聡の文脈での）「一元論」であるはずの廣松渉やアルチュセール再生産論などの解釈にもかかわってくる問題だ。歴史的な「力」としての「一元的な『力』」を、ヘーゲルとかのように「絶対理念」なり「神」なりに繋げてしまう方向でなく、物言わぬ「下部構造」へと繋げようとしたのがマルクスの「唯物史観」だったとおもう。

●アルチュセールの「支配的イデオロギー」、その他

たとえばアルチュセールの「支配的イデオロギー」とは、ただの「支配者のイデオロギー」というより、その時代・当該世界の「支配的なイデオロギー」というのに近いだろう（廣松渉でいえば「『通用的□□』─『妥当的□□』」の「通用的□□」に近いだろう（□□には「真理」でも「正義」でも「濃い」言葉なんでも挿入可能だ））。

〈前略〉「此読書会は軈て廣松渉研究会という名称となる。何しろ、我々にとって廣松渉の著作は六〇年代の彼此（アレコレ）への強力な解毒剤であった」（府川充男「『六八年革命』を遶る断章」、『ザ・一九六八』（＝「荒さんは『情況』誌上で拙著『ザ・一九六八』（白順社）を酷評され，迂生の二学

年下の川音君（略）は二号くらい後の『情況』誌上で拙著を迂生の許可（？）を受けずに激賞してくれました」（府川充男、二〇〇八）四一頁）。

七〇年代の、廣松の、この感覚での受容のされかたは、なかなか対象化されてこなかった。かろうじて、七〇年代を区切りに「廣松さんの場合は個人のアイデンティティから人々を解放したし、山口（昌男）さんの場合は共同体の持っている価値とか規範の重みから人々を解放した」という大澤真幸『戦後の思想空間』があったが、この感覚の、あくまで言説の土俵上での正当化のための「大義名分」用の文字言語ツールとして、廣松物象化論も受容されていた。廣松の「世界の共同主観的存在構造」というのも、「労働者の」でも「資本の」でも「現代の」でも「資本主義世界の」でもなければ「階級社会一般の」でもなく、「人間一般にあてはまるもの」としてのにんげんの存在構造だ。事実上、いつでも・どこでも・誰にでも・あてはまる人間存在のチョー一般論として、「労働」なり「対象化」なり「実践」なり「主観」なりの「濃い」言葉の脱色化、脱神話化が進行していた。廣松流の「血も沸かず・肉も踊りそうにない」脱色された「物象化論」は、だからこそ少なくとも一九七〇年代ころに限っていえば、狭い意味での左翼からはズレた読者層を獲得していたのだ。

## 〔二〕　百年の現代世界―帝国主義、現代資本主義

### ●宇野弘蔵の方法と一九世紀末

原論、段階論、現状分析論の三層構造からなる宇野弘蔵の経済学体系、いわゆる宇野三段階論の体系で、原論はどのような位置にあるのか。宇野は『資本論』の抽象度を上げてしまうことで（別枠で「段階論」を設定する、抽象度の異なる三段階の方法）、同時に価値論の循環的論理と「歴史的発展」論理との対応関係を切る、という志向だった。数百年の「資本主義世界」を「『資本主義世界』という大きなヒト・人間」のイメージでながめてみると。

宇野の「三段階論」体系の全体としては「『資本主義世界』という大きなヒト・人間」なら、発生〜成長〜死亡・消滅の歴史の一回性。ここでの危機・恐慌は死亡、寿命なりにつながる。

しかし宇野「三段階論」体系の一部としての「原論」では「『資本主義世界』という大きなヒト・人間」なら、毎日の繰り返しとしての生命体の起床〜食事〜活動〜睡眠（エイエンに続くかのような）。つまりここでの恐慌は死亡＝寿命ではなく睡眠（＝熟睡は翌日の活動源）。

マルクスは「資本主義世界という大きなヒト・人間」の成長〜衰退期に思考した人であり、『資本論』も歴史の一回性（発生〜成長〜死亡・消滅）と生命活動の循環性（毎日の繰り返しとしての起床〜食事〜活動〜睡眠）との分析が二重写しになっていた（＝論理と歴史との照応）。しかし「資本主義世界という大きなヒト・人間」の衰退期〜点滴生活状態の中で思考した宇野弘蔵の三段階論は、この「論理と歴史」とを分離する方向を意図していた（宇野でもまだ中途半端、『原論』に限って言えば自己完結的論理体系の方向にさらに純化させよ、というのは池上達也その他の方向だった）。不眠症、不規則睡眠、点滴栄養補給などの状態でも、生命活動一般としての抽象度では、生命活動の循環性（毎日の繰り返しとしての起床〜食事〜活動〜睡眠）は妥当している。

●ローザ・ルクセンブルクと宇野

一九世紀古典的自由主義時代の蓄積様式＝両極分解し純化することで労働力商品と需要、供給＝すなわち市場自体を自生的に生み出す（一〇年周期の恐慌をふくみながら）。

古典的帝国主義段階以降、一九世紀末以降、支配的資本の蓄積様式はバランスを欠いた差を固定化ないし拡大化させることで蓄積が成り立っている。外部（国家であれ、文字通りの対外市場であれ）に頼ることなしに労働力も市場もうみだせない。

まず一般論としては、ローザ・ルクセンブルク『経済学入門』（岡崎次郎、時永淑・訳、岩波文庫）の原題は「国民経済学入門」なのだが、「訳者解説」を引用するなら「特にドイツで愛好されている国民経済という表現」を否定して、「いわゆる『国民経済』の全体」としての「資本主義的世界経済」を「人間社会の新たな一発展段階として認め」、それの「科学的な認識」「意義と規律とを暴露しなければならない」ということを重要な課題であると考えていた。十九世紀古典的自由主義の再生産構造＝両極に分解しそのことによって市場（販路＝需要）をも自生的に拡大してゆく、というのではなく、バランスを欠いた差を固定化ないし拡大化させることで蓄積が成り立っている＝内部に労働力再生産構造をもてない（＝ローザ的な事態でもある）、外部としての国家の特殊歴史的な必然性。

かつての「自由主義」と「新自由主義」との大きな違いのひとつは、現在は、かつての貨幣・商品金による経済過程の「野蛮な」「自動調節」作用（恐慌を含む景気循環）に耐えられなくなった、試行錯誤の「手動」調節（根本の「資本」は変らないから、「処方箋」を標榜しても完全手動制御は不可能）世界ということだ。

ローザは資本主義的蓄積は外部なしには不可能とする→よって恐慌は大団円＝資本主義の最終局面。宇野は資本主義は好況・不況の景気循環（一要素として恐慌も含む）によって蓄積・再生産をおこなうとみる。原論での恐慌は繰り返しのひとつ、元気な証拠。

次に一九世紀末から二〇世紀にかけての評価はどうだろうか。ローザでは①内部（＝帝国主義本国）の資本関係についてはあくまで直進的に両極分解が進行しその果てまでゆきついたとみる。＝内部にもはや分解—市場化すべき余地なし。②外部についても三段階の外部の状態の第三期＝最終局面とみる＝もはや外部も尽きた。ゆえにいま（当時）こそが最終局面の危機（恐慌）なのだと。

宇野では①について、レーニンなどをつかいながら両極分解＝純化傾向の鈍化ないしは逆転をいう。そのことによって、段階論と原論の分離という方法を立てる。内部は分解させずに利用する方法の蓄積様式になっている。金融資本・独占・寄生・腐朽。

## ●ロシア革命以後

「啓蒙の自己破壊」としての「科学主義」（村田純一）。以前に読んだ、村田純一によるマイケル・ポラニー『暗黙知の次元』の紹介文がおもしろかった。

村田による二〇世紀における「啓蒙の自己破壊現象」の二つの形態。ひとつは「ホルクハイマー／アドルノが二〇世紀の資本主義社会のなかに」見て取った「啓蒙の自己破壊現象」のいわば資本主義（市場）経済的な形態。

もうひとつ。マイケル・ポラニー『暗黙知の次元』は「近代のもう一つの帰結ともいえる「社会主義社会」のなかで生じた現象に、啓蒙の自己破壊の一形態を見出したということもできる」のだと。

マイケル・ポラニーが衝撃を受けた「ソヴィエト・ロシアで行われた科学の計画化の試み」「この考え方は、人間の社会や歴史をも実験室内の物理的事象のように予測し制御できると考える極端な『科学主義』の帰結」であり、それも二〇世紀における「啓蒙の自己破壊現象」の一形態なのだと（以上、『二〇世紀の定義5　新コペルニクス的転回』所収の「読書案内」（村田純一）より）。

この時代以降、「科学的」「進歩的」「合理性」でも、そのまま生（き）のままで価値の判断基準、最終審級になることはできなくなったのだということ。それが村田の「フッサール以後の時代」ということなのだろう。もちろんマル経ふうには「価値の尺度標準としての金本位制が崩れていった時代、『価値尺度の骨髄』が抜かれた時代」といいたいところでもある。

「科学的」「進歩的」「合理性」などなどがひと手間もふた手間もかけなければウリに出せない、それが「啓蒙の自己破壊」の時代ということだ。問題は「最終審級」「あがり」に何を置くのかではなく、「あがり」という位置そのものなのだ。

●「現代資本主義」と貨幣の「価値尺度機能」

それでは「現代帝国主義」「現代資本主義」「国家独占資本主義」などと、「帝国主義段階」との関係についてはどうか。

（あ）「二〇世紀前期」以降を新しい「段階」とみなすなら、これはいわば資本主義「編」の「三章」帝国主義段階に続く「四章」とでもなるだろう。

（い）「帝国主義段階」の延長とみなすなら、「三章」帝国主義段階の下位ディレクトリとして、「第一節」「古典的」帝国主義段階に続く「第二節」とでもなるだろう。

「昔ながらの労働価値説」が大いに妥当していた「現代以前の世界」。これと比較して「昔ながらの労働価値説」の妥当性が低下してきた「現代世界」を、「直接的形態での労働が富の偉大な源泉であることをやめ」る「世界」に繋ごうという「現代世界」と「過去世界」との関係のとらえかた、ようするに「現代世界」の変貌のとらえかたの相違がでてくる。「進歩」か、など。「進歩」はプラス・イメージなのかとかのはなしは別にしても。「象徴」的解読の次元でも、「将来社会の共同体においても保持される」機能だけを実体的に腑分けするより、特殊歴史的スタイルをとおして超歴史的生活の全体が営まれる、という読みのほうが応用利くのではないか。

金本位から管理通貨へと、一国貨幣と商品金とのリンクが曖昧になり、景気循環の各フェイズも曖昧になってくる。と同時に、見た目でいえば、遊休資金だとか信用だとかが、「実体」から離れて勝手に暴走しているようにも見えてくる。しかしこれは本来の実業にたいして虚業が肥大化したというより、生産、流通、信用を含む経済過程の全体が、商品金とのリンクがゆるくなった貨幣によって調節＝統御（あるいは無秩序＝解体）されていることだろう。まさに「価値尺度の骨髄が抜かれた」（宇野弘蔵）状態、ネグリとハートを引用した渋谷望のフレーズでいえば「価値が『尺度の彼岸』にあるというポストモダン的事態の全面化」だ。「売れないものに価値なし」と強制的に無価値化する、商品による商品の価値尺度を大前提にした経済スタイルに依存しているくせに、「野蛮な」自動調節作用（恐慌を含む景気循環）にはもはや耐えられない。それで「雇用」や「経済成長」がマクロの「手動」の課題として登場せざるをえなくなる。

経済過程での景気循環の諸局面は曖昧になっても、政治過程では擬似的な統合化の局面（広い意味で、通貨管理する主体としての「国家」による動員体制）と擬似的な解体化の局面との繰り返しになっているようにおもえる。

（ただ「虚業」に乗っかるのはもちろんだが）「虚業」に「実業」を対置するのも、擬似的な統合化の局面で、私事に解体されたかのように見える「個」に、ただ「公」や「統合」を対置するのも、このサイクルに乗っているだけで、この繰り返し状態を喰い破ることにはなっていない。

たとえばレーニン『帝国主義論』のキーワードのひとつ「寄生性」をとってみれば、「寄生性」↓おこぼれ↓満腹↓現状維持↓「日和見主義」。「帝国主義」期「寄生性」の、かつての常識的な解釈はこのあたりだった。なにか札束でホッペタひっぱたかれれば何でも言うこと聞くような、小遣い少し多めに貰えりゃ満足だろ感覚のナメた人間観と、それにもとづく労働者の「日和見主義」像。これでは労働者、大衆の変容の動機づけを、「オソロシイ」意味でもっと根源的で積極的な「飢餓・欠乏」から基礎づけることができなかった。（安物で）満腹し（びんぼくさい）ゲップしてるから現状肯定で保守的だ、ではないだろう。現前する「不安定性」への「不安」、確かで硬い自己肯定への「餓え」のようなものとして、むしろ現状に「不安」だからこその、「寄生性」とは満たされない「飢餓」ではなかったのか。

## 〔三〕　マルクスの「三番目の世界」

### ●「否定の否定」と「人類史の三段階」

論理と歴史ということでは、現行『資本論』(第一巻) なら「冒頭商品の性格規定」や「貨幣の資本への転化」論の苦労など、背景の単純商品「生産社会」の設定の仕方などか。終わりのほうの「資本主義的蓄積の一般法則」、「資本主義的蓄積の歴史的傾向」「否定の否定」の問題あたりか。

解釈する学派の違いでもなく、鈴木鴻一郎・岩田弘理論など、三段階論の宇野学派の枠組みのなかでも歴史的過程と論理展開とを対応させようとする試みもあった(現行第三巻「株式資本」解釈とか)。「否定の否定」との関連で、もう少し射程をひろげれば『経済学批判要綱』での「人類史の三段階」論、「世界史の三段階把握」(人格依存関係 - 物的依存関係 - 第三は「高次の人格依存関係」) 論議、平田清明による『資本論』の解釈、「個体的所有の復権」なる論議もあった。

で、これらは推理小説のジャンルで「見立て殺人」のようなものかな、と。あるひとつの同じ事態、イベントでも、見立てによって与えられる意味が違ってくる。「見立て殺人」物の推理小説でいえば、目の前のこの同じ異様な現場、事件 (イベント) をどう解釈、謎解きするか。どの物語に引きずり込むか。この死体は○○家四百年の呪いのはての死人なのか、三代前の悪行への復讐なのか、直接の遺産相続をめぐる争いの死者なのか、というように。眼前のひとつのイベントに謎が重層的に畳み込まれている。「因果ばなし」=「大きな物語」の終焉というのは、物語一般の解体、消滅ではなく、顔パスで通用するような「大きな顔」の物語の終焉なわけだから、「悪質訪問販売おことわりステッカー」を訪問販売するような (メタレベルの?)「小商い」も、なんだかんだ成り立つのだろう。

「否定の否定」とはいわば「回復運動」なのだから、同じく三段階把握の三番目におかれた世界といっても、たとえば数百年単位の大逆転の結果の「三番目の世界」と、千年、万年単位の大逆転の結果の

「三番目の世界」とでは意味が違ってくるだろう、「三番目の世界」のもってきかたこそが重要だろう、ということ。どんなベクトルからのそれでも「至福の理想郷」＝「三番目の世界」の叙述じたいは、見合い写真につけられた釣書き、仲人口（「こちらの「世界」さん、優秀な成績で「平等」と「正義」と「公正」を極められて、「人倫」や「友愛」に満ち溢れていらっしゃるのよ」）の類になる（回帰先が始原の共同性であれ昭和三〇年代の夕焼けであれ）。

だから、『要綱』での「人類史の」三段階把握での「三番目の世界」も、多かれ少なかれ商品がらみの「個体的所有」の再建の三段階把握での「三番目の世界」も、いずれも三段階把握の三番目におかれた「理想の世界」という意味では、同じ対象を指し示そうとしていたのだろう、そのかぎりで「照応」しているだろう。しかし『要綱』での「人類史」（商品、貨幣と無関係の世界までひっくるめた「人類史」）の三段階把握の射程の長さに比べると、多かれ少なかれ商品がらみの「個体的所有」の三段階把握のほうが射程が短いわけだから、指示対象としては同じ「至福の理想郷」でも、意義づけは異なってくるはずだ。

## ●「市場」と「市民」

マルクス共産主義は一貫して、既存の価値秩序（平等―不平等）まるごとの転覆を企てるさまざまの運動のひとつ、と扱っていたので、的場昭弘『「革命」再考―資本主義の世界を想う』（二〇一七、角川新書）のキャッチコピーに「革命とは、新しい価値観による旧来の価値観の転覆である」とあったのが興味深かった。

一九世紀初めまでの、いわば「リアル充足」としての英古典派経済学には「神の見えざる手」と「自由な諸個人」との、普遍性と個別性との予定調和のおおらかさ、健全さがあった。稲葉振一郎『「資本」論』でいう「『意図によらない／デザイナーなしのデザイン』のパースペクティヴ」だ。「リア充」英古典派経済学にたいして観念を肥大化させることによって対抗しようとした「独古典哲学」、ヘーゲルはそこまで言い切れない。中村勝巳「1930年代イタリアにおけるヘーゲル『法』哲学の再審」によれば、ヘーゲルは「経済学者たちと意見を共にし」「人倫の営みをむしろ経済の機能のうちにあるとみなす傾向があった」（ソラーリ）ということだが、そのヘーゲルでも「欲望の体系」の「紐帯」は「神の見えざる手」でも「価値法則（『生産価格』による社会的生産編成）」でもなく、「中間団体」を不可欠とせざるをえなかった。

対して、廣松渉流にいえば、マルクスはリカードらの古典的労働価値論（価値の実念論）をベイリー（価値の唯名論）など使い、まるごと対象化しようとした。始まりがあって終わりがある、さまざまな再生産のデザインのうちの特殊歴史的なひとつの形態として。恐慌論や再生産論を考慮すれば、マルクス「搾取」概念は「不平等」とは無関係にも読めるところが、評価は別にして、特徴だったはず。だから「欲求の体系」自体に「公共性を読み込」まずに暴走する無政府状態の「市場」の外部から足りない「公共性」を外付けしようとか、「市場」そのものの外部に無垢な「公共性」を対置するとかの発想ではなかった。既存の「デザイン」の修繕にデザイナーを導入というのでなく、既存のスタイルの「デザイン」自体の「全取っ替え」。

市場は、キバをもってこそナンボというか、市場という「社交体」に参入するすべてを、情状酌量なしに、有用物と無用物、生産と徒労、キャベツとキャベツとに切り分け、価値秩序を形成するものだ。簡単に管理され、部分的に「利用」できるようなら、それは価値秩序の編成機能というキバを抜かれた、市場というよりただの公定の交換場のようなもの。キバを抜けば、社会的生産を編成し価値秩序を形成する市場の機能がうしなわれる。かといって剥き出しのキバ、私利私欲の喰らい合いには耐えられない。「サファリ・パークのディレンマ」。

そして「同市民」、さらに「公衆」。かつての上からの透明な「計画」にかわって、脱色され同市民化された「主体」の、透明な「物量体系」や「技術的」確定性にもとづいた「自発的な計画」なるもの。

自分の「同市民」へのスタンスは、子供のころ、当時出始めた新書版シリーズで読んだ白土三平『忍者武芸帳』の「「影一族」のエピソード」の影響もあったかな。「影一族」のエピソードのひとつ——体臭がきつくて仲間はずれにされていた子供が、ひとりで森に迷い込んでしまう。ちょうど子供を失ったばかりのアナグマのオッ母サンにたすけられ、アナグマの子供として、体臭など気にすることなく元気に育てられる。やがてアナグマのオッ母サンに仕込まれた土堀りの技術を生かし、「土遁の術」のエキスパートとして、人間社会においても、忍者として一人前になる。

自分の「弱点」や特殊性を殺ぎ落とす方向で一人前の「市民」や「主体」へと上昇するのでなく、むしろ自分の特殊性を突き詰め、突き抜ける方向で一人前になるやりかた。同時期にキンクスも（ノーベル賞）ボブ・ディラン（「ミスター・ジョーンズ」）もそういっていた。ちなみに肥谷圭介（鈴木大介・原作）『ギャングース』は高齢者を狙う詐欺集団の少年少女の物語だが、いわば現代の『忍者武芸帳』（鈴木大介は『家のない少年たち』『最貧困女子』『老人喰い——高齢者を狙う詐欺の正体』などの著者）の趣もある。

## ●マルクスの「共産主義」

川端香男里『ユートピアの幻想』（講談社学術文庫）によれば「信じられるものは自然だけであり、自然がアメーバの昔から暴力と破壊しか知らぬとすれば、人間の世界は快楽と悪だけが唯一の法となる野獣の世界となる。サドの反ユートピア願望はこのようなものであり、この流れは、澁澤龍彦氏が指摘しているように、ニーチェからジャン・ジュネにまで達しているのである。オーウェルの『一九八四年』はむしろこの系列に接近している」（二二〇―二二一頁）とする。

「マルクス主義自体が千年王国論、終末論的構造をもっており」、「大不況や貧困や失業などの『来るべき大破綻』は、いわば客観的な経済法則の結果なのであって、このような状況を改善し改良しようとする試みは経済法則にさからってなされることになり、歴史の歯車のもたらす終末と『最後の戦い』の来るのをおくらせ、したがって終末のあとに来る約束の王国をおくらせる」ことになる。「災厄や窮乏を期待するのは非合理であるが、そこにはよりよき国の出現のためにはカタストロフが不可避であるという太古の昔からの思考が生きているのである」（一八八―一八九頁）という川端の位相からすれば、始源の神話的世界と共産主義とは同じにはならない。マルクス主義はもちろんのこと、共産主義もまた、むしろ原初的な隙間を埋めようとする人間的な熱望一般のうちの「ひとつ」、ワン・オブ・ゼムとなるのではないだろうか。

「月下、コンクリートの舗道に赤いバラたちが花開く」とは、元祖オタクともいえそうだったフィル・スペクター。そしてユートピアの現在、「アスファルトとコンクリートのファンタジー」（川端、一九六頁）の行方はどうだろう。

ミュトスと比較すれば、確かにユートピアには個的な要素、さらに知識人的な契機が不可欠であり、当然、近代ユートピア思想では個の視点も拡大してゆくことになる。もともと「個的ユートピア」とは形容矛盾のようにも思えるが、個から共同へと至るまわり道の経路そのものが時代相によって変わってゆくものだし、その回路が問題ということだ。どんなに個的な表現をとろうとも必ず共同的契機ははらまれざるをえない。知識人もまた変化してゆく。よく言われるように、駅にあふれた満員の乗客のその一人一人が、おれはおまえたちとは違うのだ、ほかの誰とも違うのだ、とたがいに思いながら（「I'm not like everybody else」、レイ・デイヴィス）群集となり、誰もがおれはただの大衆ではないと考えている時代なのだ。

どのみち充全な回路がみえないという状況では、解体された個のみる夢もまた、共同性へと至ろうとする回り道のひとつのかたちには間違いないのだ。実態的な共同性（ボクタチ）はその夢の尺度とはならない。市民（あるいはかぎりなく市民に近い）が夢みる、平凡で散文的だが手にとってさわれそうな夢も、個別（あるいはほとんど個別に近い）に解体されたかのような「至高性」の見果てぬ夢も、権利上は同等で、「約束の王国」からの遠さは五〇歩一〇〇歩なのだから。

# ロシア革命百年を徹底討論する！

## ①黙殺されたロシア革命百周年

**堀内**：ロシア革命百周年、皆さんの間で話題になってますか？

**旭**：もうやりましたよ、私は。この間。で、文字にしたものを今日お持ちしましたよ。

**堀内**：このほかユーラシア研究所や「テオリア」やトロツキーの流れを汲むグループなど幾つかの学習会が企画されているようです。ただし、本企画の特徴は、ロシア革命を世界史的に特筆すべき大事件と位置付け、共謀罪や改憲など個別課題の学習会とは別次元のものとして論議することにあります。原稿にも書きましたが、私は昔から個別課題の運動と革命の関係性について疑問に思っていたんです。どうもイデオロギーや歴史的な知見で現在の立ち位置を顧みる作風が意識的に回避されている。革命を語ること自体が非現実的で意味がないとする作風が九〇年代以降いわゆる「運動界隈」で支配的です。たとえば今年問題になった共謀罪にしても「日本革命」的視点から論議することはありませんよね（笑）。仮に革命論をふっかけたところでバカにされてオシマイという運動「環境」にあります。

それでも二〇一七年は、われわれ左翼にとっての輝かしい金字塔を打ち立てた（笑）ロシア革命から百年と言うことで、いい機会だと思い、久しぶりに、本格的にロシア革命を語る座談会を開催した次第です。

## ②ソ連邦解体で崩れた唯物史観の公式

**堀内**：ベルリンの壁崩壊とソ連邦解体以降、民族主義、ナショナルアイデンティティや地域排外主義の問題が世界レベルで一気に噴出してきました。日本会議や在特会も広い意味での民族問題の範疇です。まず、大谷さんに、ロシア革命当時の民族問題と、二一世紀の民族問題の連続性および断絶性について伺います。

**大谷**：『ソ連現代史』（山川出版）という本があって、そこに、「民族紛争の絶え間のなかったこれらの地域は革命後ソビエト権力のもとで大転換をした。民族問題は基本的に解決して『階級的矛盾がなくなれば民族的対立もなくなる』ことが立証されたわけである。この歴史的経験の重要性はいくら強調してもしすぎることはないのである。」（一〇頁）。民族問題はソ連ではロシア革命で解決したんだと。こういうのがソ連の公式見解なんですが、日本の学者も平気でそのままオウム返ししています。実証されたわけではないですよ。ところが、実際問題、九〇年代以降、民族紛争はぼんぼん起こっていて、そのことについては、例えば長尾久さんという人が『情況』の一九九一年二月号所収の「ソ連解体民族の革命一九一七—一九九〇」に詳しく書いていて、その頃起こった民族紛争を列記しているのですが、いっぱいあって、今は表面上は収まっているけれども、チェチェン共和国なんかでは暴動も起こったりしている。例の『スルタンガリエフの夢』を書いた山内昌之さんが、『スルタンガリエフの夢と現実』（東大出版会）という史料集を出しているのですが、この解説に、タタール人の、タタールスタンですね、そこの政治状況が今どうなっているかというのを書いていて、民族主義団体が次々できて、政党もいっぱい出てきて、タタール人の民族主義も今、成長している、と書いてある。そういう点でいろんな変化があった。

ソビエト連邦は一応、対等な国家間関係、対等な国家同士が互いに同盟している、連邦している、という建前があったのですが、実態は違っていて、やはり大ロシア中心でロシアにそれ以外の国は従属化されていた。それが露呈してきている。ソ連時代に解決していないことが今や表面化していて、例えばチェチェン共和国だと、カフカースですよね、あのへんの諸民族というのを、プーチンになってから強権的に押さえつけてきた。今シリアでやっているみたいな感じですよ。ああいう格好で表面上抑え込むんですよ。表面上は活動させないようになっているので表向きは消えたようになっているんだけど、国境線なんてあってなきの如しみたいな感じで、そこから亡命というか逃げる連中が出てくる。それが中東の方に流れ込んできてやってる。ISの中には相当ロシア地域のイスラムの急進派っていうかそういう連中が流れ込んでいる。そういう風につながっている。地図で見るとあの縦は繋がってるんです。昔はスカンジナビア半島から、ドイツからトルコからヨーロッパとアジアとの貿易ですね。十字軍までは縦ルートなんですよ。スカンジナビアからまっすぐ南に降りてきて、トルコの方に行って、そこからインドとかに行く。そういうことがあって、意外とあそこ動脈なんです。その動脈上にムスリム地域があって、石油の出るところがあって、あの辺は重要な地域だった。そこが今、ロシアから追い出された連中が南へ下って行って、そこで問題を起こす。例えば、サウジアラビアなんかはアメリカと仲良くしていますけど、実態は、イスラムの中でも非常にかたい原理主義の国で、その人たちが資金援助してたりするんですよ。カフカースの南ロシアのあたりにイスラム原理主義組織があって、そこにお金をつぎ込んだりしている。この構造があるので、アメリカがいくらバンバンやってもなかなか根絶やしにできない。ロシアが引っ張り込まれたのは、ロシアは慣れているんですよ。そういう連中相手にずっとやってるから、情け容赦なくやる。確かにあれで一旦表面上はおさまった。その辺を含めて、現在までつながるロシアの民族問題を解決しないといけない。

なんでそうなっちゃったのか、ということを考えて、今日、革命のやり直しですね。ロシア革命では農業問題も解決できなかったということも含めてトータルにロシア革命を見直す。そういう視野でやれば一〇〇年を総括できるのではないか。ロシア革命自体で言えば、いろいろ誤解や、思い込みもあるかもしれないけど、パリ・コミューンの時というのは、その衝撃というのは、ヨーロッパ内に限られている。飛び火した地域というのは、だいたいヨーロッパ。ところが、ロシア革命のインパクトは、それが中国革命につながったり、アフリカ地域の民族解放運動にも影響を与える。アメリカ、日本、資本主義にも与える。そういう意味で世界規模、世界史的なインパクトがある。それ自体はいろいろ変なことがあるにしても、そういう世界史的な意味があるということは押さえないといけない。

**堀内**：ロシアの民族主義はスターリンをもってしても根絶できなかったということでしょうか？

**旭**：スターリンが抑圧したんじゃないの？　東欧も抑圧したし、全部。レーニンは民族自決権論だからさ。で抑圧民族プロレタリアートと被抑圧民族プロレタリアートの立場の相違とか。あまり共産党も言わないでしょ。自分たち（日本）が被抑圧民族だと思っているからさ。

**白井**：「ロシア革命」と離れて、一般的に言っても、民族もあるし宗教もある。宗教が国境を超えちゃったりする。国民国家、民族、それを超えた宗教みたいな話になると、やっぱりこれまでのマルクス・ネタだけでは持たないだろう。

**柏木**：レーニンは死ぬ前にスターリン批判をしたんでしょ、民族問題で。その辺はどうなんですか？。

**大谷**：スターリンはグルジア（現・ジョージア）人なんですよ。ところがグルジア民族主義者には情け容赦ない。レーニンはそれはやりすぎだと。グルジア人の主権を尊重しないといけない、という立場で「最後の闘争」をやる。でも結局レーニンはあの後死んでしまうので、中途半端になっちゃって。だからむしろ、山内昌之氏が『スルタンガリエフの夢』で言っているように、当時、民族問題はマルキシズムの間では二つの主な潮流があって、一つはオーストリアのマルクス主義者、オーストロ・マルクス主義が「文化的自治制」と言ったのですが、それに対して、ボリシェビキとレーニンは、「領域的自治」を主張した。これ、当時の二つの考え方でマルクス主義者だけでなくても多くのインテリはだいたいわかっていた。どっちを支持するかは人それぞれで違うとして、こういう二つの考え方というのは、知識人には共有されていたみたいですよ。

**白井**：宗教は国境を越えるからね。良くも悪くも。

**大谷**：特にムスリムはそうですね。ムスリムは最初からアンチ国家主義というか、宗教共同体だから。ムスリムの発想と近代民族国家の発想とは全然違うんです。それが、今でももめている原因の一つ。もちろん経済的な問題もあるけれども。そもそもの発想が違う。

**堀内**：社会主義も思想が国家を超えるわけじゃないですか。

**柏木**：ロシア革命以後はマルクス・レーニン主義（共産主義）が社会主義の王様みたいになりましたけど、ソ連邦ができるまでは、ロシア革命以前はいろいろな社会主義があった。

（「国家社会主義ってどういうの？」という問いに対して）要するに共和主義左派（というか水平派）ですよ。貧富の格差を是正するやつ。王政を打倒しただけでは―君主制を廃止するのが共和制―不十分で、さらに（国民の間の）経済格差もなるべくなくそうというのが国家社会主義です。だから私有財産制に一定の制約を課す、と。

それとは別に異民族との関係で、植民地支配を肯定するのと植民地支配はダメだというのと二つある。フランス共和国は（第二次大戦後ベトナムとアルジェリアで痛い目に遭うまでは）植民地にこだわり続けた。スイスは最初から植民地を持たなかった。これがスイスとフランスの違い。これは植民地をめぐっての話（一国共和主義vs帝国主義的共和主義）。

共和主義者の中でも貧富の格差を肯定する人と、そうでない人がいる。後者からいろいろな社会主義が出てきたというのが歴史的事実です。そしてロシア革命以後、マルクス・レーニン主義（共産主義）が、勝利したがゆえに流行った。でもそれは勝ったから王座についたのであって、最初から王座にいたわけでは全然ない。一九一七年のロシアでもエスエルやメンシェビキの方がボリシェビキよりメジャーな社会主義勢力だった、というのは常識的な話だと思います。

今、ロシア革命一〇〇年を振り返る意義があるとするなら、「社会主義＝マルクス・レーニン主義」という枠組みから自由に、革命なり社会主義なりを考えることだと私は思います。

**大谷**：文化的自治か領域的自治かという話ですが、ロシア社会民主労働党の第二回大会の時にユダヤ人ブンドの問題があって、レーニン派はそれをしゃかりきになって否定した。それでユダヤ人ブンドができちゃったわけです。だからどうしてもレーニンが正しいという形で、ユダヤ人ブンドけしからん、そういう分派を認めないとか、どうなのか？　今ロシア革命一〇〇年がいいのは、ソ連がないもんで、割とそういうのも自由に見返してみようという話がしやすくなったこと。ソ連は多民族国家だから、民族問題がものすごく重要になってくるというのは当たり前。

**旭**：領域的自治というのは自決権の問題だろ。自決権をめぐって、ローザ・ルクセンブルクとレーニンの論争があった。被抑圧民族のプロレタリアートは、自決するか自決しないか自由であると。しかし抑圧民族のプロレタリアートは被抑圧民族の自決権を無条件に支持しなければならないと。これがレーニンの民族自決権の基本じゃないの？

**大谷**：割と進んでいるところと、中央アジアなんかはまだ民族ができていない頃、それが民族形成をするちょうど過程だった。自分とこの隣はペルシャ語で喋ってて、親戚だとかが普通にあったり。でも同じムスリムだという。○○人だとかいうよりもね。

**柏木**：部族ね、民族じゃなくて、部族意識はある。遊牧民は部族単位だから。

**大谷**：その部族から民族へって運動が起こっていたところに、民族自決権だとか言っても、例えば、タタール人がここに五割いて、三割がロシア人で、そのほかに○○人がまたいるとか、そんなとこで領域的自治にすると、多数民族が支配民族になるんだよね。それを無理やりやったんだよ、ソ連は。こっからここまでは○○国でここからここまでは○○国って線をひいて。

**柏木**：一〇月革命以前の臨時政府（ケレンスキー政権）は、そういう民族独立を絶対に認めない、というのが基本方針（なのにウクライナに派遣されたケレンスキーを含む臨時政府の代表がウクライナ側の言い分を丸呑みして帰ってきちゃったりするのだが）。それに対抗してレーニンは、旭さんが今言った「（被抑圧民族の）自決権を認めなければならない」論を出してくるんだけど、私が思うに、レーニンはただひたすら臨時政府とは反対のことを言いたかっただけなんじゃないのかな。あいつがこう言ったから逆のこと言おう、みたいな。私はそういうふうにレーニンを見てるんだけど。

**大谷：**当時の歴史的なことからみて割と条件が合ったのが、フィンランドとかウクライナとかで、他はこれから民族ができるところだから、そんなの無理矢理民族自決権ってしてもうまくいくわけない。タタール人なんてあちこちに分散して住んでいるんだから。移住したロシア人中心だから、少数派なんですよ。でも、タタール人が五〇％、ロシア人が四〇％とすると、少ないロシア人の方が実権を握っちゃうわけ。だって共産党を握っているから。共産党が多数派でしかも執行委員会も握っているから。少数なんだけど結局ロシア人の支配になっちゃった。彼らは民族解放してくれると思いこんで、みんな協力する。例えば赤軍なんかでもイスラム部隊が入ってる。

**堀内：**いま、ロシア革命を総括することで、もう一度民族主義を乗り越えることができるんでしょうか？

**大谷：**そういう風に今まで考えて来たんだよ。唯物史観というのは公式があった。民族問題というのは近代化の過程で、民族国家、国民国家の世界があって民族同士が対立した。そういう図式できてるわけ。それができたら、今度は民族は歴史的な意味がなくなって、民族主義は衰退していって階級社会になっていく。だいたいそういう公式で考える。

**堀内**：私は今もその公式を愚直に信じています（笑）。

**大谷**：民族と階級というのは今後も、社会主義がどうなるかわかんないけど、とにかく民族というのは運動体であって歴史的運動であるから、色々ある条件の中で民族性が希薄になったり濃くなったりするということ、そういう生き物みたいに動いているということを考えないとまずい。ロシアの民族問題がなぜあんなに複雑になったかというと、例えば、全然見た目アジア人なのに俺はロシア人だって自称している民族がいる。それがロシアの支配民族なわけ。全然ロシア語とか喋ってないし、見た目アジアなんだけど、俺はロシア人だと。自分は何民族だっていうアイデンティティーを調査するときに、自己申告なんですって。

**白井**：へえー、申告するんだ、ロシアって。日本と違うね。

**大谷**：だいたい今、主流になってる話は二パターンありますよね。民族というのは遅れた存在だから、民族性というのは崩壊していて、民族意識も薄れていって。階級意識になって、階級闘争が前面に出てくる。

**柏木**：民族意識は薄れていって階級（意識）に純化していくだろうという説。もう一つは市民化していくだろうっていう説。個人化して市民化していくだろう、と。こっちの方が主流じゃないですかね。世界市民論。商品経済、市場経済が自分を取り巻く外部世界の全てである、という情況になれば……

**堀内**：俺は〇〇人だという意識が次第に希薄になっていく。地域的な摩擦はあるんだけど、いま、お二方が言われた労働者の階級意識と世界市民意識が渾然と混じり合いながら、大筋では民族主義が解体されつつある気がします。ロシアに関しては、ソ連時代は最盛期三億近くいたのに人口がどんどん減って――ソ連邦解体による人口減もありますが――あれだけ広い国土に一億五千万人しかいません。日本の人口より少し多いだけです。百年前の水準に戻りつつある。少ない人口で広い国土をどうやって維持するかという衰退期の帝国特有のジレンマに陥っています。特に寒いシベリアは人口がどんどん減っている。やっぱり人間誰しも暖かいところに住みたいんでしょうね。仕事があるから北へ行くだけの話でね。たとえば国後・択捉・歯舞・色丹は中国や「北朝鮮」の労働者をどんどん受け入れている。二メートルも雪が積もって屋根の雪降ろし大変なのに民族問題で喧嘩してるヒマないでしょ（笑）。民族主義を乗り越えるためには、やはり労働現場を見つめ直す作業から始める必要があるのではないでしょうか。

## ③一〇月革命と憲法制定議会解散は『クーデター』か？

**堀内**：次に旭さん持論のロシア革命『クーデター説』批判についてお聞きします。

**旭**：ボリシェビキとロシア革命の歴史的貢献としては、「帝国主義戦争を内乱へ」「全権力をソビエトへ」「第二インターにかわり資本主義・帝国主義と闘える党の創設」といったことがある。他方では戦時共産主義における割り当て徴発と農民の反乱、企業―工場管理における国家・党の一元的任命・指揮―単独責任制ってやつね。さらに分派禁止等の問題がある。

**堀内**：分派禁止が一時的なもので、すぐ解禁されればよかったんだけど…。

**旭**：それらが一九二〇年後半代以降のスターリンのもとで一元化・体系化・全面化される。これはレーニンも同罪であるというのが最近増えている。

前者「帝国主義戦争を内乱へ」「全権力をソビエトへ」「第二インターに変わり闘える党、ボリシェビキの建設」これは誰でも文句言えないのではないか、というのが一つ。それから「ロシア革命がパリコミューンの経験を超えてソビエトを作っちゃったっていうこと、それは古い国家権力を破壊し一九〇五年の革命に続いて、自らの支配権力を一九一七年の二月革命を通して実現した。そこでボリシェビキは論争をした。それで最初は少数だけど、最後に多数になって、ペトログラード・ソビエトの執行部・軍事革命委員会を握った。正式にな。蜂起したのは公式機関であって。執行委員会の決定だから陰謀でもなんでもない。

こうした資本主義・帝国主義と戦うということを第二インターは放棄した。最近ちょっと「共産主義運動年誌」にも書いたんだけど、ドイツ左翼党っていうのができたんだよね。国政選挙で得票率一一%〜八%。元東ドイツ共産党残党、それと社民党左派が割れてできた。そこでは第一次帝国主義戦争での革命に対する社会民主党の裏切りについても言及している。

**柏木**：一一%って日本の民進党支持率の1・5倍ですよ。

**旭**：ドイツ左翼党はね、第一次帝国主義戦争で社民党が裏切ったってことはちゃんと批判しているんだよね。

**堀内**：旭さんは一九一七年一一月までは肯定する立場ですね。

**旭**：そう。それが大きな意義があるということ。なぜかというとね、最近ロシア革命というとクーデターとか、ボリシェビキの陰謀であるとか言われてるけど、ソビエト権力というのは、正式にソビエト選挙で選ばれた機関がちゃんと武装蜂起したんだから。そうは言っても、ロシアでは労働者は少数じゃないか、権力をとるべきではなかったという声って結構ある。事実として調べたのは、大体、あの当時のロシアのプロレタリアートが三〇〇万。鉄鋼、石炭、銑鉄は世界四位だった。大工場もあったし勢いはあった。だから権力取らなかったら農民の反乱や地主からの土地の奪取を見殺しにするわけよ。帝国主義戦争も終わらせることもできなかった。

しかし議論としては、戦時共産主義の問題がある。一つは割当徴発。それから工場の管理の仕組みにおける単独責任制・任命制ね。それから分派禁止と一党支配の問題がある。レーニンは『国家と革命』で「資本主義文化とは大規模生産、工場、鉄道、郵便・その他をつくり出した（中略）これにもとづいて旧「国家権力」の機能は非常に単純化された。だから、読み書きのできるのは誰でも容易にできるのものになり（中略）全ての労働者は順番に管理ができるようになる、と。一九一七年にパリコミューン以上のことを言っていた。これでうまく管理できなかったからブルジョアの専門家を雇ったとか、党、国家が企業長を任命して、独裁につながったという問題があります。

権力奪取後、内戦もあり、工場も運輸も停滞し、農民の食料と交換する工場生産物がなかったから、農民に割当徴発をするんですよ、かなり恣意的にね。これだけよこせって。そういうことやりました。これに対して農民が反乱を起こす。クロンシュタットの反乱というのはそれが一番大きな原因。同時にさっき言ったような労働者が順番にやる管理の問題が崩れました。

こういった中で、一九二一年、ネップへの転換が行われました。ネップは農民に対しては、一定の税を現物税として課す。食料をもらう。残った余剰農産物は農民が自由に市場で売買していい。これがネップです。これは成功しました。ネップで農民の反乱は治まった。生産性も上がりました。ただ、ネップについては、ボリシェビキ内部でもいろんな議論があった。農民が生産物を自由に売買できる、これは市場主義で資本主義への後退ではないかと。

**柏木**：市場で（自ら生産した）余剰生産物をさばく農民って、資本家なんですか？

**旭**：違います。そこまでやってない。ただね、農民たちが余剰農産物を市場で売るということだ。「食糧税について」の論文では　①家父長制農民経済　②小商品経済　③私営的資本主義　④国家資本主義　⑤社会主義　のウクラードを挙げ、商品経済も社会主義・国家資本主義に統合されるとしている。その辺も含めてボリシェビキを総括しなきゃいけないわけだよ。そこでレーニンたちが自分たちが「管制塔」を握ると。国家資本主義とか社会主義に統合できるとか。

**柏木**：国家資本主義でやるのはインフラの整備・維持と大工場と銀行に限定すればいいんですよ。一方で自作農は自分の農地で作りたいものを生産して、市場で貨幣と交換して、所有地に見合った分だけ納税して残りは自分のものにする。プチブルジョワ的な市場経済（小商品経済）もちゃんと維持する。

**旭**：俺が言いたいのはね、レーニンはそれ以上のことを言おうとしたっていうことが言いたいわけ。そのあとにね、「協同組合」っていう論文を出すんですよ。

**柏木**：レーニンは単なる共和主義者じゃなくて共産主義者だから。

**旭**：そうそう。だからね、そこに協同組合という言葉を使いながら、農民と労働者が管理するという問題にまで言及したわけ。市場経済、商品交換一般から、協同組合を通して、これによって農民も管理しやすくなると。ここに書いてるのはね、「国家すなわち労働者階級に属する土地に、国家の生産手段でたてられるならば、協同組合企業は社会主義企業と異ならない」と言ってるわけ。協同組合を国家が作れば、社会的に大きいって言ってるわけ。そこまで言ってる。あの時代誰も言わないでしょ。これは、ソ連の批判、一国一工場批判でもあるわけよ。全国一工場って、レーニンはそこまで言ってないけど。一七年の時は『国家と革命』、労働者階級が公務、企業、生産を順番に管理すると言ってたんだけど、戦時共産主義でそれができなくなった。それがおそらくレーニンの悩みだったと思う。それがネップとか協同組合で、それに対して労働者と農民が管理する道を考え出したんだろうと。結論出すときには死んじゃったんだから。レーニンがそこまで考えつつあったということを一応言ってるわけ。

**堀内**：協同組合も国営企業も専門家（テクノクラート）が出るのはある程度は仕方ないけど、五時を過ぎた段階で現場労働者も技術者も一斉に帰らないと労働者の団結に結びつかない。時々は残業あっても仕方ないけど、いつも残業して上役にご忠勤示したりしないで、みんなで定時にさっさと帰る習慣を身につけないと、結局は会社の中でのヒエラルキーを二四時間中引きずっちゃうことになる。国営企業であれ協同組合であれ民間企業であれ、経営者に「忖度」しているようでは労使の力関係は変わらない。実際に労働者が自主性を発揮することがソビエト時代に出来てたのかは知らないけれども、まずは「労働者本位」という協同組合の基本的な原則を守ることが必要だと思います。

**旭**：労働者本位だからこそ管理者を選べるんだよな。そういうことも含めて、これまでのように一国一工場だけではダメだ、と。これをどう具体化するというのはレーニンも死んだし誰もできない。俺らしかできないっていうことだと思う。

## ④スターリン主義につながったレーニンの分派禁止令

**旭**：※メドベージェフもレーニンを批判してるよ、ボリシェビキは民主主義に弱いって。そういう意味では、当初の、全員が工場を管理するという、順番にね。こういう問題意識をなんとかしようとしてた。でも解決は出来なかったと言ってます。そこでさっき言ったように『国家と革命』での全員の順番の管理、あるいは労農同盟の問題もでてくる。「資本主義のもとでは大規模工業化で国家の機能が単純化され」、という面もあるが、生産手段の発展と科学、管理、専門、熟練、単純労働への分化と階層制を拡大する面もある。こういうことをどう克服するかという問題である。あるいは資本主義発展にともなう工業と農業の対立、労働者と農民の分断という問題。ボリシェビキの農業理論は、農村の階層分化、貧農との同盟、自営農業については反対じゃないけど警戒心があった。あるいは市場への警戒と国家干渉への支持があった。それが割当徴発を合理化する面があったと言われています。

近代工業は「農業や自然を抑圧する面があること、これの克服が労農同盟の鍵となることを理解しなくてはならない」。だから近代工業のもとでのさっき言った階層分化とか専門化や工業と農業とか、こういう問題をレーニンはまだはっきり言ってません。

同じく一〇回大会（一九二一年）に戦時共産主義での労働者反対派の提起した問題っていうのがある。だから党の統一が困難になった。だからここでレーニンは分派をすぐに解散することを要求しています。しかしながら同じ大会でリヤザノフへの反論として「根本問題について意見の相違が起こっていることについて我々は党員や中央委員から党に上申する権利を奪うことはできない。そういう場合には政綱に基づいて選挙する」と言ってる。分派とどこが違うかわからないけど。「非常措置（分派禁止のこと）そのものについて言えばこれは未来のことであって今ではそれを適用しておらず。・・・・・」って書いてる。だから、レーニンはこういう曖昧なところがあるんだけど、分派禁止はなされてないってこと。一九〇三年の分裂の時も分派維持しようとしたわけね。ボリシェビキは中央委員会か、メンシェビキは編集局とか。要するに分派禁止って言っても実際にそれは残した。ローザ・ルクセンブルクは「プロレタリア独裁というのは党派の独裁ではなくて階級の独裁だ」って言ってる。一応レーニンは最低の歯止めは崩さなかった。これをスターリンが歯止め一切無くしてね、全面的に分派禁止し、共産党支配を憲法に書いちゃったんだよね。

**柏木**：分派禁止しても、多党制だったら何の問題もないんですよ。別の党を作っちゃえばいいんだから。

**旭**：メドベージェフが言ってるのは、その頃、ボリシェビキ以外合法的な活動ができなくなったから。

**柏木**：だから分派禁止が大問題になってしまうわけでしょ。

**旭**：そうそう。

**柏木**：共産党しか認められてないから、共産党内部で分派活動が禁止されたら大変なことになっちゃう。つまるところ一党独裁が問題なの。なぜ一党独裁になっちゃったのか？

**旭**：だって全部認めるのって無理だと思うよ。実際に権力あったらね、それは何年かは独裁する権利あると思うよ。徐々にそれを解消していくことは必要だけど。

**柏木**：内戦になったら「民主主義もへったくれもあるか」ってなりますよ、そりゃ。ロシアだけでなくどんな国でも。

**旭**：ただね、そこでも分派の存在は歯止めにはなる。実際、メンシェビキって活動できなくはなったけど、一応、残ってたんだよね。諸分派─トロッキー、ブハーリン、ジノヴィエフ、カーメネフ、労働者反対派、全部あったからね。一応歯止めはあった。ブルジョア的な多党派は無くなったんだけどね。

**柏木**：本当の民主主義的な結社の自由、多党制が無くなったのは、それは内戦の時代だから仕方がない。問題は「なぜ内戦になったのか」でしょ。

**旭**：おそらくそういうこと。ただね、ボリシェビキと諸分派は歯止めにはなった。反対派もソビエト独裁は否定はしていなかった。党内抗争はあったかもしれないけど一応、労働者反対派もいた。まだ、この時代は、それなりに幅があった。

**大谷**：ボリシェビキの伝統的なやり方として、スターリン時代までは確かに党内闘争を何回もやってる。池田嘉郎の『ロシア革命』（岩波新書）という本で、臨時革命政府ってあるけど、あそこもひどいわけよ。例えば一〇月革命の前に、七月危機の時にはトロツキーとかを捕まえちゃうしね。そういう弾圧やって、その次にはさらにボリシェビキが武装蜂起なんかやろうとしてないのに、何月何日に武装蜂起ってデッチ上げでボリシェビキを潰そうとする。一〇月革命直前の中央委員会でレーニンがただちに武装蜂起って言ってるときに二人反対しているのがいる。こいつらは単に中央委員会で反対しただけじゃなくて、その情報を流したわけ。ゴーリキーのやってた雑誌に投稿して。バレバレになっちゃうわけですよ。レーニンは「スト破り」だって怒ったんだけども、当のジノヴィエフとカーメネフはその後どうなったかっていうとスターリン時代までのうのうと生き延びてるわけですよ。スターリンがまあまあいいじゃないかって収めて。そういう面があったんだよね。まだね。

**白井**：「元来臆病者のジノヴィエフ」って書かれちゃってる（笑）

**大谷**：レーニンはジノヴィエフとは家族ぐるみで親しいんだけど、そういう習慣、ボリシェビキの、議論は議論、反対しても賛成しても一緒にやるという習慣は一〇回大会の時までは生きていた。

**柏木**：二月革命の臨時政府にとって何が一番困難だったかといえば戦争の問題だけども、一方で一〇月革命前に工場の生産が落ちる。その原因を労働者の怠慢とか、労働者が経営に口出しするからダメなんだとか、池田嘉郎さんは書いていて、労働者の経営参加が生産性を下げた原因だと言ってるんだが、そうなのかなぁ？　サボタージュはともかくとして、労働者がある程度経営に参加することで労働者のやる気が上がって、生産性が上がるということもありえると思うのだけど。

**堀内**：ストライキで生産性下げるなんて当たり前じゃないですか。労働者が働かないことに意義があるんだから。

**白井**：池田嘉郎の『ロシア革命』では「民衆」と「公衆」とを区別している。引用すれば「「公衆」とは異質な民衆が、一挙的転換の希望を抱いたまま、「街頭の政治」へと雪崩れ込んだのである」（二二八頁）。早い話が「公衆」とは西欧ふうの「市民感覚」を身につけた小綺麗な市民、街頭に出てきていたのは「民衆」だと。さらに「民衆の価値観と社会上層の価値観とのギャップ、それによる社会秩序の動乱と混乱。こうしたことは、西欧とその白人入植地以外の地域が、西欧中心の世界秩序に組み込まれる際に、いたるところで起こったことである」、「必ずしも民衆とエリートの対立ということではなく、社会全体があたらしい環境とのあいだのギャップに苦しんでいる」（一三二頁）のだと。

このあたり、池田は、ちょうど逆サイドからみているような感じ。「民衆」が街頭に出てきて、それに乗ったレーニンの側が勝っちゃった。そのためにかえって「公衆」化がおくれ、コツコツ西欧ふうの「市民社会」を作り上げることができなかった、というようなロジック、つくりなんだろう。だから、街頭に出てきたいわゆる「大衆」、その力は認めているけれども、必ずしも喜んでいないんだ。

**旭**：それはその通りだ。カウツキーが言ってる通りだ。

**堀内**：エスエルとメンシェビキだけだったら共和制までいったかどうか疑問です。皇帝も戦争に負けそうで「俺やめる。息子に譲る」とか言ってるんだけど、最初の二月革命では共和制に移行するのかしないのかでもめてるわけですよ。やむなく彼らはカデットと妥協をするわけ。「民衆と『公衆』が妥協するのが必要だ」って。

**大谷**：妥協するっていうのと、もう一つは、自分たちだけで権力を掌握しようという根性がなかった。だけどレーニンは、じゃあ今のロシアを誰が作るんだって言った時に、会場の中で立ち上がって「俺がやる」って言った。言えなかったのがメンシェビキとエスエルなんですよ。だからボリシェビキに対して断固とした態度が取れなかった。要するに優柔不断なんだ。

**柏木**：メンシェビキとエスエルは、「とにかく妥協すべし」っていうのと、もう一つは、自分たちだけで権力を掌握しようという根性がなかった。だけどレーニンはそうではなかった。「俺がやってやる。仕切ってやる」。結局レーニンが勝っちゃった。

**大谷**：メンシェビキは公衆じゃなくて人民派だったと思うよ。本人の出自がインテリ出が多かったって話で、彼らは社会主義者なんですよ。

**柏木**：「俺がやる！」て言えなかったのがメンシェビキとエスエルなんですよ。だからボリシェビキに対してもカデットに対しても断固とした態度が取れなかった。要するに優柔不断。平時であれば彼らでいいんですよ。頭いいし、紳士だし。でもこの情勢ではちょっと荷が重い。で、ボリシェビキになっちゃうんですよ。一九一七年の七月にトロッキーたちが弾圧されて、（軍の実力者で反ボルシェビキの）コルニーロフがロシア軍の最高司令官に任命されて八月となり、このとき民衆の世論というか気分は「もうコルニーロフかレーニンか、どっちでもいいから決められる人に決めてほしい」的なものになっていたと思う。そしてコルニーロフが自分からこけちゃったもんだから、じゃあ「ボリシェビキしかないじゃん」って世論になって、一〇月革命にいくわけでしょ。

**旭**：二重権力状態が解消して。そこに尽きるんだよ。

**柏木**：メンシェビキが、「俺たちがやる」と言ったら、彼らに任せてもよかったけど…。

**大谷**：その場合ボリシェビキは左派で終わった。

**柏木**：革命情勢の真っ只中で、「どうする？」って時に、メンシェビキは「いや僕たちだけじゃちょっと」って言っちゃったんですよ。レーニンは「俺がやる」っていった。そこなんですよ、違いは。実際にレーニンがやったことが正しかったかどうかは別にして（かなり間違いや失敗をレーニンは犯していると私は思うけれど）、「俺がやる」って言わなきゃダメなんですよ。ロシア革命の話に限らず、革命家ってこうじゃなきゃだめなんだと思う。

**堀内**：レーニンが決然と意志を示したと同時に「プロレタリアート独裁」ってことを何千何百万という人が確信を持って支持したのは大きい。

**旭**：レーニンだけじゃない、労働者と農民がボリシェビキを作ったってことね。これがあったからボリシェビキができたっていう。ヨーロッパから見たらものすごくロシアって異様に見えたらしいよ。

**堀内**：労働者っていっても農民の方が圧倒的に多かった。一億五百万人の内九割が農民だから。でも、ちゃんと労働者と農民が同盟を結んでいた。それがあったからボリシェビキも生まれた。

**柏木**：だったらなぜ憲法制定議会でボルシェビキは農民から忌避されたの？

**堀内**：選挙って政策でなく人や政党の名前を選ぶからでしょ。レーニンは自分が長く外国にいてエスエルほど農民に好かれてない、選挙やったら負けるという危惧があった。うすうす負けは予測していたと思う。二月革命じゃレーニン派がメンシェビキ（少数派）だったんだから。レーニンはあらかじめ選挙の敗北も予想して次の一手を考えていた。最後の切り札が憲法制定議会の解散だった。まだ戦争中だったし、だらだら憲制議会で小田原評定やっていたら、逆に帝政派に反撃される恐れがあった。そもそもレーニンは『国家と革命』で議会制民主主義を否定していた。だから躊躇なく強引に解散したんだと思う。

## ⑤電気自動車の普及とレーニンの電力国家論

**堀内**：ところで柏木さんはオール電化時代で電気自動車が主流になりつつある二一世紀の現代だからこそ、レーニンが言った社会主義イコール電力国家化が実現可能じゃないかといっておられます。電力国家論についてお聞かせください。

**柏木**：例えば蒸気機関車を運転するのと電車運転するのとどっちが大変か。蒸気機関車の方がうんと大変。ホント職人技なんですよ。さらに体力も筋力も必要だし。だから蒸気機関車の時代には「運転士の仕事をみんなで交代でやりましょう、それが社会主義です」なんて絶対に無理。電化によって「みんなで交代でやる」ことがかなり実現可能な話となりうる。（「全部ＡＩにまかせちゃいましょう」ってことになる可能性もあるけど）。

電気製品が人間を低脳にしたって怒ってる人もいるんだけどね。でも電気炊飯器の発明で救われたって主婦も結構いるんだよね。竈でご飯を炊くのが苦手な人もいたんですよ。

**堀内**：昔、国労で蒸気機関車の運転やってた人に聞くとみんな大変だって言いますもんね。お釜だって「はじめチョロチョロなかパッパ」で焦がしてしまう人もいたわけですよ。

**柏木**：そういうことも含めて、熟練や専門化が必要だったことが、電化によって結構簡単に誰でもマスターできるようになることによって「みんなで交代でやる」ことが可能になる。あるいは平等化という点でいうと、奴隷制廃止の基礎的な条件を作り出したのは蒸気機関です。現実に奴隷制を廃止したのはアメリカ合衆国ではリンカーンだけど。機械化が人類社会を民主主義的に、あるいは平等にしてきているというのは事実です。例えば女性の軍人も電化、機械化の賜物です。

**堀内：**スイッチ一つでオール電化の時代だからこそ、社会主義に近づける。

**柏木：**電気機械って仕組みを理解しなくても使えるの。仕組みまで理解するのが望ましいけれども知らなくたって使えちゃう。年齢や性別の差とか生まれ持った資質や才能の差などが大分緩和される。ただ、それじゃ満足できない、仕組みや原理もちゃんと理解したいという人は大学に行けばいい。年齢には関係なくね。

**旭：**電化で単純化されてるってことと、ある程度専門的なことでも大学にみんなが行ったらできる。その両方言っておかないとね。でも実際やってみたらブルジョアの専門家を雇うとかやってるわけよ。ロシアの工業化にも問題があった。だけど、教育的には誰でも大学に行ってできるようになる。そういうことも含めて国家の電力化には複数の社会的諸課題を提起する。

**堀内：**まだまだレーニンの時代は蒸気機関と馬の時代です。

**柏木：**でも電気産業が勃興していく時代だった。そこで「よっしゃ、これからは電気だ、電化だ」と言ったレーニンは偉い。アメリカでそれを実践したのがエジソン。

**堀内**：電化のねらいは一〇〇年たったら左右で結果的に同じだったじゃないですか。

**柏木**：商売人も同じところに目をつけたんだよ。これから電気の時代だからビジネスチャンスって。

**堀内**：近年のインターネットやSNSの普及も実際そうですよね。選挙の投票なんてわざわざ足運んで一票入れるよりは家でポンと押せば済む時代になっています。わざわざ選挙で代表選ぶ間接民主制ではなく、直接民主制が可能なインフラが整備されている。

**柏木**：国会議員も県・市議会議員もこれからはくじ引きで決めていいんです。議題に対する表決は国民（県議会なら県民、市議会なら市民）全員がネット（に繋がった端末）でやっちゃえばいいんですよ。じゃあ議員は何をする人かというと、議論する人。だからくじ引きでいいんですよ。無作為抽出でいい。いろんな意見が出るから。みんなそれ（議員達の議論）をテレビやネット中継で見て、ネットで投票して、全ての法律を国民投票で決めればいい。それが本当の民主主義。今まで技術的にできなかったけど、あと五年もすれば全然可能です（技術的には）。指紋認証なんかもできるようになってるからさ。虹彩認証もできるからね。そうすれば一人が二票入れちゃうなんてことも無くなるし。

**堀内**：あ、俺は生体認証はちょっとイヤだけど…。でも人口五百とか六百人の村なんて選挙やるより体育館に村民が集まって一回集会やれば済んじゃう。

**白井**：五百人とか六百人の村があるの？

**堀内**：いっぱいありますよ。いま議会制民主主義を廃止して全村民の直接民主制に移行する論議をしている高知県の大川村が典型です。少子高齢化で自治体の人口減少が進むともっと増える。

**柏木**：いまのIT技術をもってすれば人口が一億人でもできるよ。そうすると（議員の）汚職もなくなる。議会で議論するだけの議員にお金を渡しても意味が無いので。もちろん官僚の汚職についてはきちんと監視しないといけないけど。

**堀内**：レーニンが『国家と革命』で提唱した「誰しも一定期間は官僚や議員や経営者になれる」という国家機関の「順番制度」は、一種のロールプレイングゲームを想起させます。これは演劇をしていた知人から聞いた話なんだけど、ロールプレイングゲームをやると過剰な自意識から解放され平等意識に目覚めるんだそうです。例えばグループ討論の司会を固定せずに順番にやれば討議の平等性は確保されますよね。

通常は誰しも自分が○○には向いてないとか○○タイプの人間じゃないと観念的に思い込んでいる。いわゆる「本当の自分」ってやつね。でも、立場や関係性が変われば、自己の内面も変化するワケです。レーニンのような唯物論者にとっては、階級的自己があるだけで「本当の自分」とか「民族主義」はファッションにすぎません。大相撲だってモンゴル人が日本の民族衣装（和服）着てるでしょ。マーロン・ブランドやジェームス・ディーンが若い頃にエリア・カザンから学んだスタニフラフスキー・システム（ロシア・アヴァンギャルドの演技法）も、役者に階級性を意識化させることで演技にリアリズムを持たせる手法です。例えばゲイリー・クーパーはヒーローしか演じなかったけど、マーロン・ブランドは等身大の労働者を演じている。個人差はありますが、社会システムに乗れば誰しもソコソコの役割は果たせる。逆に言えば、誰が見ても臆病で無能で政治家に向いてない安倍晋三が総理大臣になったら強権発動して共謀罪を強行しちゃうのと同じでね（笑）。つまり、代表制の下では誰もがスターリンになる可能性を秘めています。レーニンは『国家と革命』で、労働者に社長や官僚をやらせたり、脇役に主役やらせたりして「代表」をいろんな人が入れ替わり立ち替わりロールプレイングゲームすることで、「代表」の持つ特権性を無意味化し、機会の上での平等性を担保することを提唱しています。

## ⑥ロシア革命は今も続く

**堀内**：最後にロシア革命を百年後の今、どう考えるのかをお聞かせください。

**白井**：「現地を訪れずに想像を膨らますというエキゾチックな作業のほうが楽しいんだ」（細野晴臣）って意味でのエキゾチシズムなんだけど。昔の人たちが考えたのとは違う意味だが、「世界革命」だったんだな、って思うのは、やっぱりその後の全世界、「市場経済全体」を変えたんだ、ということで。ユートピア的な意味での資本主義世界の「その次の世界」、「素晴らしき良き世界」になったかはともかく、この一〇〇年、市場経済の全体を揺り動かし続けたことは間違いない。大雑把にいえば「組織化された」資本主義、市場経済を変えてしまったってこと。ロシア革命はそのきっかけになったという意味で大きいイベントだった。

先の池田嘉郎も執筆している、これも岩波書店で現在刊行中の『ロシア革命とソ連の世紀』という体系（全五巻）があって、まだ完結もしてないし、そもそもまだ読んでないんだが、その宣伝チラシの「刊行にあたって」を引用すれば、「ソ連の歴史全体が、ユートピア実現のため新たな文明を創造しようとし、「民族解放」を目指し、そのために文化や人間そのものの変革さえも試み、これを通じて資本主義との競争に勝利することも目指すという、まさに革命的な取り組みを続けた歴史だったという認識である。この取り組みは全体としては失敗に終わり、ソ連は消滅したが、ソ連の営みは、植民地支配下の諸民族を鼓舞し、先進資本主義諸国の福祉国家化を促すなど二〇世紀の世界に大きな影響を及ぼし、その歴史は現在もなお世界に多くの参照材料を提供し続けている」とある。この視角自体はまちがってないとは思う。ロシア革命を機にする一〇〇年ね。

「越境する革命と民族」って巻もあってね。ソ連史なんだけど、「ロシア革命」をロシア人にとって、あるいはソ連に住んでる人たちにとってどうだったかということよりも（これはあくまで私の強引な意見なんだけど）それこそ世界史上どうだったか、というこの一〇〇年の世界のかわりかたに興味がある。だから昔の人たちや当事者たちが考えていたのであろうとは違う意味で、やっぱり「世界革命」

だったんだなと。

**堀内**：コミンテルンが世界の反植民地闘争に及ぼした影響は意外と過小評価されているのではないでしょうか。

**柏木**：中国革命の国共合作あたりまではコミンテルンの影響力が強い（コミンテルンは国民党支持だったんだけど）。コミンテルンの存在って、ヨーロッパでもそれなりにあったけど、（半）植民地における民族独立闘争への関わりが大きかったと思う。つまり、「一国社会主義」をうたっているけど、世界革命から完全に逃避しているわけではないよね。変なレッテル貼りがあるじゃないですか。「スターリンは一国社会主義で世界革命を裏切った」とかさ。実際コミンテルンを解散させたのもスターリンなんだけど。でも第二次大戦後も（コミンテルンはもうないけれど）ソ連邦は実際に様々な民族の（植民地状態からの）独立・解放闘争を支援しているわけです。ブレジネフ時代でもそうです。それが逆に仇になってアフガニスタンの泥沼に引きずり込まれちゃったわけで。

つまりソ連邦が（スターリン時代も含めて）世界革命を放棄したことなんか一度もないんですよ。西側諸国の体制側の人たちにとってはそんなの常識ですよ。つまり革共同の人たちの言ってることって端的に事実誤認です。ただ、ソ連邦の、世界の諸民族の独立／解放闘争への関わり方、支援のあり方が常に正しかったのか、百点満点だったのかというと、そうではないのでしょうけれど。でも百点満点の運動、全く誤謬のない運動、人間なんていないないいんですよ。私も含めて。あとは事実に基づいて後知恵的に評価していくほかないんじゃないのかな。

**堀内**：今のロシアが資本主義国であることについては？

**旭**：ロシアは株式会社っていうけど、株を外部の人は自由には持てない、インサイダーが五割というのがあるわけよ、規定が。経営者と労働者。一九九〇年代は労働者の方が圧倒的に株を持ってた。今は経営者が多く持っているけどね。とにかく、株を外部に売るっていうことができない。ソ連共産党が頑張った。そういう意味で純粋に資本主義にはなりきれてないというのが一つあるよね。それからもう一つはコルホーズ。これも潰さなかった。コルホーズ、ソフォーズを継承している「農業企業」が圧倒的に大きい。やはりロシアは完全なる資本主義にはなりきれない。これはソ連の弱さでもあるけど、資本主義にもなかなかなれない、資本主義の弱さでもある。

**柏木**：純粋資本主義なんていうのはありえない。他の国々だって純粋資本主義なんですか？違うでしょ。まあアメリカ合衆国は純粋資本主義に近いと言われてますが…。そもそもプーチンは、アメリカ合衆国的な資本主義万歳の人じゃないんですよ。ていうか明らかに国家資本主義でしょ。そして大多数のロシア国民は彼を支持してるんですよ。つまり政治権力的にはプーチンはかなり強いリーダーです。全然弱くない。

**旭**：ロシアが資本主義じゃないことを言いたいわけじゃなくて、資本主義の株式会社で外部のやつが自由にできるとか、そういうことは嫌なんだよ、労働者から見ると。そういう構造が今でもロシアで資本主義の弱さの証明でもあるということ。ロシアは私的所有意識が弱いんだって。どこの本でも書いてある。ロシアの社会がそう簡単に資本主義になりきれないということだけ言っておく。ロシアの企業経営の論理も違うんだよ。

もう一つは、今でも依然としてロシアでは集団農業、コルホーズ、ソフォーズを解体できなかった。コルホーズ、ソフォーズを継承している「農業企業」は二万で、平均二六〇〇ha。これにたいし農民個人経営は二六万、平均七〇ha、で圧倒的に農業企業の比重が大きい。

**柏木**：あともう一つは、今でも依然としてロシアは政治的にも軍事的にも地理的にもグローバルな大国であるということ。しかもロシアと中国が並んじゃってる。一枚岩とまでは言わないけど。そして両者とも国連の常任安保理事国なわけです。日本ごとき小国が自分よりロシアを下に見るって、明らかにおかしいでしょ。別に私は日本をディスることに生き甲斐を感じているものではないけれど。

**堀内**：ロシアの政治や経済がいまだにソ連的なものを継承しているということですか？

**旭**：そう思ってます。いろんな意味で革命運動が続いているっていう。そういうことも含めてロシア革命を「乗り越える」のではなく、まだロシア革命は「続いている」。「ロシア革命は死滅してない」

といいたい。

**堀内**：スターリン主義の問題も含めて今なお続いていると言うことですね。

（西暦二〇一七年八月一二日　東京都文京区：林野会館）

※ロイ・メドベージェフ（一九二五年〜）旧ソ連でスターリン批判を展開。ゴルバチョフの政治顧問などを務める。

# おわりに

この本が世に出回る頃には、ロシア各地で革命百周年を祝う式典が盛大に行われていることだろう。ＫＧＢ出身でレーニンの後継者を自認するウラジミール・プーチンはレーニン廟に恭しく詣でた後、赤の広場前で、ロシア軍の閲兵式を行い、ロシアの威信を世界に誇示するに違いない。街では華々しく花火が打ち上げられ、四半世紀ぶりにピカピカに磨き上げられたレーニン像の前で、ロシアの民衆はウオッカを片手に飲め歌えのお祭り騒ぎが一晩中続くことだろう。

本書は、ロシア革命百周年の喧噪から遠く離れた日本で、ひっそりと刊行された。ロシア革命は知っていても「ソ連」すら知らない若い世代が増加する昨今「素人のロシア革命論」という無茶な企画を短期間で実現させていただいた世界書院の皆様と、本書を手に取っていただいた皆さんに心より感謝します。

西暦二〇一七年一〇月七日　執筆者一同

## 著者プロフィール（生年順）

旭　凡太郎　一九四二年生　大阪市立大学卒　著書「資本主義世界の現在―マルクス主義〝復活〟宣言」彩流社「共産主義運動年誌」ほか執筆

白井　順　一九五二年生　法政大学大学院修士終了（経済学専攻）「思想のデスマッチ」「ＣＡＨＯＯＴＳ１」いずれも編著「同時代音楽」「季節」「共産主義運動年誌」ほか寄稿

大谷　浩幸　一九六〇年生「情況」編集

柏木　信泰　一九六七年生　東京大学工学部卒　社会主義理論研究会（池袋）代表

金　靖郎　一九六八年生　中央大学卒　反天皇制運動、戦後補償運動、難民支援活動等を経て、現在は組合運動に従事。

堀内　哲　一九七〇年生　早稲田大学卒　編・著書に「生前退位―天皇制廃止―共和制日本へ」「いま共和制日本を考える」（第三書館）「日本共和主義研究」（同時代社）ほか

情況選書 001
ロシア革命 100 年を考える

---

2017 年 10 月 31 日　第 1 刷発行

著　者　　社会主義理論研究会（池袋）
発行人　　大下敦史
発行所　　株式会社世界書院
〒 101-0051 東京都千代田区神田神保町 2-40 宮木ビル 203
電話 03-5213-3345
http://sekai-shyoin.com/
印刷・製本　中央精版印刷株式会社

---


ISBN978-4-7927-9573-3 C0230 ¥1200E